Junior Campos Prado

改善

KAIZEN PARA GRANDES CONQUISTAS

Transforme-se com os 7 pilares da autogestão

© JUNIOR CAMPOS PRADO, 2025
© BUZZ EDITORA, 2025

Publisher **ANDERSON CAVALCANTE**
Coordenadora editorial **DIANA SZYLIT**
Editor-assistente **NESTOR TURANO JR.**
Analista editorial **ÉRIKA TAMASHIRO**
Estagiária editorial **BEATRIZ FURTADO**
Consultoria de texto **DALILA MAGARIAN**
Preparação **GIULIA MOLINA FROST**
Revisão **PAULA QUEIROZ E DANIELA MENDES**
Projeto gráfico e diagramação **EDUARDO OKUNO**
Capa **ESTÚDIO GRIFO**
Assistente de design **LETÍCIA DE CÁSSIA**
Gráficos **RAFAELLA RHEIN**

Nesta edição, respeitou-se o novo Acordo Ortográfico da Língua Portuguesa.

Dados Internacionais de Catalogação na Publicação (CIP)
(Câmara Brasileira do Livro, SP, Brasil)

Prado, Junior Campos
  Kaizen para grandes conquistas : Transforme-se com os 7 pilares da autogestão / Junior Campos Prado. — 1ª ed. — São Paulo : Unno Editora, 2025.

  ISBN 978-65-5393-457-3

  1. Desenvolvimento pessoal 2. Desenvolvimento profissional 3. Filosofia oriental 4. Gestão de negócios 5. Kaizen 6. Resultados 7. Sucesso I. Título.

25-266818   CDD-650.1

Índice para catálogo sistemático:
1. Desenvolvimento pessoal e profissional : Administração 650.1

Eliete Marques da Silva — Bibliotecária — CRB-8/9380

Todos os direitos reservados à:
Buzz Editora Ltda.
Av. Paulista, 726, Mezanino
CEP 01310-100, São Paulo, SP
[55 11] 4171 2317
www.buzzeditora.com

À minha mãe, Alzira, minha maior professora.

Seu exemplo de amor, disciplina e sabedoria foi a base da minha formação e a dos meus irmãos, Marcelo e Ricardo. Desde a infância, você nos ensinou muito além dos livros, transmitindo princípios que moldaram nosso caráter e nossa visão de mundo.

Lembro com carinho do ambiente de estudo que criou para nós, onde cada escrivaninha organizada simbolizava não apenas ordem física, mas também disciplina e comprometimento com o conhecimento. Todos os dias, das 15h às 17h, esse tempo era sagrado, um compromisso inegociável com o aprendizado e o crescimento.

Você nos ensinou o valor do tempo, da organização e do equilíbrio entre estudo, lazer e desenvolvimento pessoal. Mas, acima de tudo, foi uma fonte inesgotável de amor e encorajamento, oferecendo apoio nos momentos de dúvida e firmeza nos momentos necessários.

As lições que nos transmitiu ultrapassaram os anos escolares e se tornaram a base da minha vida pessoal e profissional. Cada conquista que alcanço carrega um pedaço do que aprendi com você.

Com todo o meu amor e gratidão,

Junior, *seu filho*

SUMÁRIO

Agradecimentos ....• 9

Introdução: A felicidade de simplesmente dizer "arigatô" • 11

Kaizen na prática
**Como alinhar visão, valores e missão para
o seu crescimento contínuo** ....• 16

Parte 1: Natureza
As dimensões essenciais da vida ....• 25

Parte 2: Gestão
Os sete pilares da autogestão ....• 51

Autogestão ....• 53

    Pilar 1 — O poder do autoconhecimento ....• 76
    Pilar 2 — O poder da autoliderança ....• 83
    Pilar 3 — O poder da autodisciplina......................• 96
    Pilar 4 — O poder da responsabilidade ....• 108
    Pilar 5 — O poder da autoavaliação ....• 117
    Pilar 6 — O poder da espiritualidade ....• 134
    Pilar 7 — O poder da gestão financeira ....• 148

Parte 3: Ação
As zonas da autorrealização ....• 175

Considerações finais
**Kaizen — Rumo ao infinito,
onde vive a perfeição!** ....• 236

Agradecimentos

Escrever este quinto livro foi uma experiência extraordinária. Transformar em palavras as lições que aprendi ao longo da vida e transmitir que empreender vai muito além dos negócios — abrangendo também a autogestão e o crescimento pessoal — foi um processo enriquecedor e autêntico.

Sou imensamente grato aos meus pais, Alzira e Luiz Carlos, aos meus irmãos, Marcelo e Ricardo, e aos meus filhos, Yuri e Lucas, que foram fundamentais nessa jornada. Este livro é uma forma de retribuir todo o carinho, apoio e ensinamentos que sempre me deram.

Um agradecimento especial à minha esposa, Jad Sarah, por estar sempre ao meu lado, especialmente na reta final deste livro, me apoiando e incentivando em cada etapa.

Agradeço também aos profissionais que tornaram esta realização possível. Ao editor Anderson Cavalcante e sua equipe, por guiarem cada passo dessa caminhada literária. À Dalila Magarian, cuja competência refinou meus textos, tornando-os mais acessíveis sem perder a essência das ideias e experiências compartilhadas. E à Buzz Editora, pelo cuidado e dedicação na revisão e finalização deste projeto.

A todos que, de alguma forma, contribuíram para que este livro se tornasse realidade, minha mais profunda gratidão.

Junior Campos Prado

Introdução

A FELICIDADE DE SIMPLESMENTE DIZER "ARIGATÔ"

Já imaginou viver em um mundo onde cada novo dia é uma chance de crescer, prosperar e saborear tudo o que a vida tem de melhor? Essa é a essência da filosofia Kaizen, uma palavra japonesa que significa "melhoria contínua", e que forma o alicerce deste livro que escrevi para você. Como alguém que tem dedicado muitos anos a ajudar pessoas a gerenciar a própria vida de um modo proativo e consciente, sei que o sucesso verdadeiro vai além do que se vê do lado de fora. Ele reside na paz interior e nos valores que descobrimos à medida que nos conhecemos melhor e nos aprimoramos.

Por que este livro é tão importante para você? Porque ele o convida a mergulhar profundamente em quem você realmente é — nos seus impulsos, medos, emoções e verdadeiras paixões. Essa jornada interior é essencial para que todo ser humano possa caminhar com confiança, moldar a melhor versão de si mesmo, tomar decisões mais assertivas e autênticas, alinhadas com sua verdade pessoal, e harmonizar seus princípios com suas aspirações. Aqui, vou estar ao seu lado, guiando você a estabelecer metas realistas, planejar com cuidado seus próximos passos e a se adaptar às adversidades que surgem no caminho, com mais leveza e flexibilidade.

Sei bem que a falta de um propósito claro pode nos deixar desmotivados, tristes e, no final das contas, com uma sensação amarga de fracasso. Você já deve ter sentido isso em algum momento, certo? Eu acredito que o sucesso sem felicidade é uma conquista vazia. E viver uma vida que não reflete quem você realmente é pode fazer com que, lá na frente, sinta não ter alcançado seu verdadeiro destino. Nada poderia ser mais frustrante!

Para mim, a espiritualidade é o fio condutor para a melhoria contínua. Embora possa estar profundamente relacionada a práticas religiosas, a espiritualidade não se limita a elas. Ela pode incluir práticas de autoconhecimento que promovem o bem-estar mental, emocional e intelectual e do "eu consciente", nos auxiliando a encontrar paz interior e equilíbrio. Nos ajuda a entender nosso propósito e a navegar pela vida com uma bússola interna bem ajustada. Por isso, vou falar bastante sobre como integrar a espiritualidade à sua rotina diária e mostrar como ela pode influenciar cada escolha e interação, guiando seus passos por um caminho de crescimento constante e significativo.

Para escrever este livro, viajei por muitos países, entre eles alguns considerados berços da filosofia e da religiosidade, como Índia, Nepal e China, absorvendo o conhecimento de pensadores como Confúcio e Lao Tsé, de modo a trazer até você ensinamentos que realmente façam a diferença. Minha viagem a Tóquio, em meados de 2024, foi a realização de um sonho que alimentei por muitos anos. Como admirador das artes marciais há mais de cinquenta anos e estudante da filosofia oriental, sempre me fascinei com as palavras e comportamentos japoneses, especialmente quando o assunto é disciplina. Estar em um lugar tão sagrado para essas práticas me emocionou profundamente e confirmou a maioria das minhas crenças pessoais.

Tóquio é uma cidade de contrastes, onde a riqueza cultural e histórica convive harmoniosamente com a modernidade tecnológica. Cada detalhe, desde o silêncio e a limpeza nas ruas até a eficiência dos transportes públicos, reflete um profundo senso de civismo e organização. A hospitalidade dos japoneses também é marcante. Sempre que precisei de ajuda, fui tratado

DESCOBRIR A FORÇA
DE UM SIMPLES
"OBRIGADO"
PODE SER
O PRIMEIRO PASSO
RUMO A UMA VIDA
COM MAIS SENTIDO
E LEVEZA.

@junior.campos.prado
Kaizen para grandes conquistas

com paciência e respeito, fato que demonstra o quanto o cuidado com o próximo é valorizado na cultura local.

A culinária japonesa, com sua ênfase na frescura e na apresentação, também me impressionou. Experimentar os pratos feitos com frutos do mar, tanto frios quanto quentes, foi uma experiência culinária inesquecível, revelando uma verdadeira obra de arte gastronômica. Mas o que mais me encantou durante toda a viagem foi a simples alegria de dizer "arigatô". Cada sorriso, gentileza e interação nos estabelecimentos era retribuído com essa palavra, sempre acompanhada de um largo sorriso no rosto. Esse pequeno gesto de gratidão tornou-se um momento especial, conectando-me ainda mais profundamente com a cultura e as pessoas do Japão.

Não por acaso, o nome deste livro é *Kaizen para grandes conquistas*. Afinal, a prática da gratidão, encapsulada na simples palavra "arigatô", reflete essa filosofia de aperfeiçoamento constante que semeio e agora apresento a você. Dizer "arigatô" não era apenas uma formalidade; era uma expressão de respeito e apreço que enriquecia cada interação. A prática da gratidão transformou minha viagem em uma experiência verdadeiramente especial e inesquecível. Cada "arigatô" trouxe uma genuína sensação de felicidade e tornou cada momento mais significativo.

Espero que, ao encerrar a leitura deste livro, você sinta essa mesma alegria. Vamos, juntos, descobrir como pequenas mudanças diárias no modo de gerir sua vida podem gerar impactos profundos e gratificantes, não importa em qual parte do trajeto você esteja. Esteja pronto para elevar o comum ao extraordinário, um dia de cada vez!

Kaizen na prática

Como alinhar visão, valores e missão
para o seu crescimento contínuo

Vamos falar sobre algo essencial para a sua jornada de desenvolvimento pessoal e para a construção de uma vida com propósito, em sintonia com o conceito de Kaizen: sua visão, seus valores e sua missão. Esses três elementos funcionam como um mapa que orienta decisões e ações, ajudando você a seguir o caminho certo, buscando continuamente por pequenas melhorias, que é o coração do Kaizen.

A **visão** (direção) é aquela imagem inspiradora que você tem do futuro, é o que deseja alcançar e o que sonha para si ou para a sua organização. É como um farol que guia suas escolhas e motiva suas ações, mantendo você focado no que realmente importa. E aqui entra o Kaizen: ao ter uma visão clara, você se compromete com a melhoria constante, um passo por vez, em direção a esse futuro desejado. Por exemplo, sua visão pessoal pode ser "se tornar uma referência em equilíbrio e bem-estar, vivendo uma vida plena e significativa". Já para uma organização, poderia ser "se tornar a líder global em soluções sustentáveis, promovendo um futuro melhor para todos". O importante é que essa visão seja clara, inspiradora e capaz de mobilizar você em direção ao seu objetivo maior, sempre com a mentalidade de aprimoramento contínuo.

Os **valores** (identidade) são os princípios fundamentais que definem quem você é e como age no mundo. Eles orientam seu comportamento e suas decisões diárias, servindo como uma bússola que mantém você no caminho certo, alinhado com sua verdade, mesmo quando as coisas ficam difíceis. No espírito do Kaizen, esses valores se traduzem em ações diárias que, por menores que sejam, contribuem para o seu crescimento e o ajudam a alcançar os seus objetivos. Pense neles como as qualidades que você mais preza, como integridade, empatia, respeito, responsabilidade e crescimento contínuo. Para uma organização, esses princípios podem incluir sustentabilidade, inovação, ética, colaboração e excelência, por exemplo. Eles são a base que sustenta todas as suas ações e interações, garantindo que cada melhoria, por menor que seja, esteja alinhada com quem você é e com aquilo em que acredita — a sua identidade.

A **missão** (propósito) é o cerne da sua existência, o motivo pelo qual você faz o que faz. Ela responde à pergunta "por que existo?" ou "qual é a minha razão de ser?". A missão é sobre o presente, sobre o que você está fazendo agora para atingir a visão que definiu, sempre com o foco na melhoria contínua, em todos os aspectos. Por exemplo, sua missão pessoal pode ser "promover o bem-estar e o desenvolvimento pessoal, ajudando os outros a encontrar equilíbrio e propósito na vida". Para uma organização, poderia ser "fornecer produtos inovadores e sustentáveis que melhoram a qualidade de vida das pessoas, ao mesmo tempo em que protegemos o meio ambiente". No contexto do Kaizen, é ela o que mantém você focado e comprometido com seus objetivos diários, garantindo que cada pequeno passo seja um avanço significativo em direção ao seu propósito maior, a sua meta!

Para esclarecer a diferença entre propósito e objetivo, vamos a um exemplo: se você ama cozinhar e faz isso com excelência, seu propósito pode ser levar alegria e satisfação às pessoas por meio da comida. Já os objetivos seriam abrir um restaurante no próximo ano e expandir para uma rede de franquias em dez anos. Enquanto o propósito reflete sua paixão e razão de ser, os objetivos são planos concretos que você deseja alcançar ao longo do tempo.

Agora, vamos integrar tudo isso com o Kaizen. Como vimos, existem três conceitos fundamentais que orientam sua direção, identidade e propósito: visão, valores e missão. Esses elementos não estão isolados; eles se complementam e devem estar presentes em todas as áreas da sua vida, guiando sua jornada de melhoria contínua. Ao alinhar esses três conceitos fundamentais com o poder do Kaizen, você cria uma base sólida para definir e alcançar seus objetivos e construir uma vida significativa e impactante. Imagine viver diariamente com a clareza de onde você quer chegar (visão), guiado pelos princípios que mais valoriza (valores), e sempre consciente do motivo pelo qual faz o que faz (missão) – tudo isso enquanto faz pequenas melhorias constantes. Esse alinhamento, somado ao compromisso com o Kaizen, é o que faz toda a diferença.

Então, à medida que você avança na sua jornada, quero que se lembre de manter sempre viva a conexão entre sua visão, seus valores, sua missão e o Kaizen. Aqui, compartilho o Kaizen não apenas como um conceito, mas como uma filosofia que transformou minha própria trajetória e pode transformar a sua. Para mim, ele vai além da melhoria contínua; é um alicerce para o crescimento pessoal e profissional, um guia para a realização de sonhos e objetivos. Seja na sua vida pessoal ou organizacional, cada pequeno passo dado com intenção o aproxima do futuro que você deseja criar. Vamos juntos construir uma trajetória rica de propósito e significado.

DEFININDO SUA VISÃO, SEUS VALORES E SUA MISSÃO

Antes de continuarmos em frente, que tal definirmos esses três conceitos que, a partir de agora, vão impulsionar você para o sucesso? Ter a consciência de onde você quer chegar, o que orienta as suas decisões e qual é o seu propósito e grande "por que" vai ajudá-lo a aproveitar a nossa jornada juntos ao máximo, além de facilitar o processo de aplicação do Kaizen a cada passo que você dá em direção aos seus objetivos. Vamos lá?

Passo 1: reflexão inicial

Reflita sobre as perguntas a seguir. Se necessário, anote em um caderno as respostas e pensamentos que surgirem

QUANDO VOCÊ ENTENDE PARA ONDE ESTÁ INDO, NO QUE ACREDITA E POR QUE FAZ O QUE FAZ, TUDO COMEÇA A FAZER MAIS SENTIDO.

@junior.campos.prado
Kaizen para grandes conquistas

durante esse momento – eles vão ajudar você a completar o próximo passo:

1. Minha visão: aonde quero chegar?
- Se eu pudesse projetar minha vida ideal daqui a cinco anos, como ela seria?
- O que eu quero conquistar pessoal e profissionalmente?
- Como quero ser lembrado pelas pessoas ao meu redor?
- Que tipo de impacto positivo desejo causar no mundo?
- Se eu não tivesse medo de falhar, o que faria?

2. Meus valores: o que me guia?
- O que considero essencial para viver uma vida significativa?
- Quais são os princípios inegociáveis que guiam minhas decisões?
- Quais qualidades admiro em outras pessoas e gostaria de desenvolver?
- Em quais momentos da vida senti que estava sendo mais autêntico?
- Quais valores me ajudaram a superar desafios no passado?

3. Minha missão: o que me move todos os dias e por que eu faço o que faço?
- O que me faz sentir realizado e motivado?
- Qual é o meu talento ou habilidade mais natural?
- Que tipo de problema gosto de resolver?
- Se eu pudesse fazer algo todos os dias, o que seria?
- Como posso contribuir para o bem-estar dos outros?

Passo 2: definição dos conceitos
Agora, complete as frases a seguir de forma clara e objetiva:

1. Minha visão (minha direção):
Eu me imagino sendo/realizando/construindo...

_____
_____
_____
_____
_____
_____
_____
_____

2. Meus valores (minha identidade):
As qualidades que mais valorizo e sigo são...

_____
_____
_____
_____
_____
_____
_____
_____

3. Minha missão (meu propósito):
Minha missão é...

_____
_____
_____
_____
_____
_____
_____
_____

Passo 3: alinhando minha visão, meus valores e minha missão com o Kaizen

Escolha uma pequena ação que você pode começar hoje para alinhar sua rotina à sua visão, valores e missão. Escreva:

A partir de hoje, eu posso melhorar continuamente ao...

_____
_____
_____
_____
_____
_____
_____
_____
_____

PARTE 1

Natureza

As dimensões essenciais da vida

Agora que você tem sua direção, sua identidade e seu propósito na ponta da língua e compreende os fundamentos para alinhar sua visão, valores e missão ao Kaizen, é hora de aplicar esses princípios em cada área essencial da sua vida. A verdadeira autogestão exige reconhecer que nossa existência é formada por diferentes aspectos interconectados, e cada um deles impacta diretamente nosso bem-estar e realização. No coração da autogestão e da filosofia Kaizen está a convicção de que pequenas melhorias consistentes geram grandes transformações ao longo do tempo. E, como disse no começo da nossa jornada juntos, isso não é apenas um conceito para mim — é uma prática que vivo diariamente!

Quando falamos de **físico**, **mente emocional**, **mente intelectual**, **espiritualidade**, **finanças**, **família** e **relacionamentos**, estamos explorando as sete dimensões essenciais da vida — os pilares que sustentam o bem-estar integral. Cada uma dessas áreas está interligada e, quando equilibradas e bem cuidadas, criam uma base sólida para uma vida plena e harmoniosa para o seu eu consciente.

Quero compartilhar com você ferramentas práticas e estratégias para aplicar em qualquer uma dessas áreas, sempre que sentir a necessidade de um ajuste. Juntos, vamos reforçar o conceito de Kaizen na autogestão, de um modo simples e acessível.

Quero esclarecer que essas estratégias não são regras rígidas; são guias flexíveis que você pode moldar à sua realidade, permitindo que os princípios de autogestão fluam de maneira natural. À medida que você começa a dominar cada uma delas, conseguirá conquistar a verdadeira maestria sobre sua vida e sobre o seu eu consciente. Vamos, então, começar essa jornada de aprimoramento contínuo juntos, em cada área que sustenta a nossa existência.

VIVER BEM
É CUIDAR DE
CADA PARTE DA
SUA VIDA COM
INTENÇÃO — UM
PASSO DE CADA
VEZ.

@junior.campos.prado
Kaizen para grandes conquistas

ÁREA FÍSICA

Sua saúde é a base de tudo. No conceito de Kaizen, o cuidado com o corpo é visto como um processo contínuo de pequenas melhorias, que ao longo do tempo produzem grandes resultados. A energia e disposição que sentimos no dia a dia são reflexos diretos de como tratamos o nosso corpo. Ao integrar hábitos saudáveis de forma incremental, você cria uma base sólida para enfrentar os desafios da vida com vigor. O corpo, quando bem cuidado, responde com mais vitalidade, resistência e clareza mental, o que, por sua vez, impulsiona o desempenho em todas as outras áreas de sua vida. Kaizen nos ensina que não é necessário fazer mudanças drásticas, mas sim melhorar continuamente, mesmo que seja com pequenos passos, para alcançar um bem-estar físico.

O físico é QUANTIDADE: quanto melhor for nossa condição física, mais conseguimos produzir e aproveitar a vida ao máximo. A saúde do nosso corpo nos dá a energia e a vitalidade necessárias para enfrentar os desafios diários e desfrutar das oportunidades que a vida oferece.

O CORPO É O PONTO DE PARTIDA. SEM SAÚDE E ENERGIA, O RESTO PERDE A FORÇA.

@junior.campos.prado
Kaizen para grandes conquistas

ÁREA MENTAL EMOCIONAL

O equilíbrio emocional é crucial para uma vida plena e satisfatória. No espírito do Kaizen, manter uma mente emocionalmente saudável significa, através do nosso comando consciente, adotar a abordagem de melhoria contínua em relação ao nosso bem-estar emocional. Assim como o corpo necessita de cuidados constantes, a mente também precisa ser nutrida e fortalecida para funcionar de maneira equilibrada e eficiente.

A vida cotidiana é repleta de estresses, desafios e adversidades que podem sobrecarregar nossa mente emocional. Por isso, é essencial desenvolver práticas que aumentem nossa resiliência. Com Kaizen, o foco está em fazer pequenos ajustes contínuos que, ao se acumularem, resultam em uma mente mais clara, focada e tranquila. Isso pode incluir aprender a gerenciar o estresse de forma mais eficaz, cultivar pensamentos positivos, praticar a gratidão ou simplesmente permitir-se momentos regulares de descanso mental.

Seu objetivo deve ser criar uma mente emocional que esteja em constante crescimento e adaptação, capaz de enfrentar as demandas do dia a dia com serenidade e equilíbrio. Uma mente emocionalmente equilibrada não só nos permite lidar melhor com os desafios, como nos ajuda a construir relacionamentos mais saudáveis e a viver de forma mais harmoniosa e satisfatória.

A mente emocional é QUALIDADE: quanto maior for nossa inteligência emocional, mais paz interior e felicidade experimentamos. Isso se traduz diretamente em qualidade de vida, pois a gestão eficaz das emoções melhora nossos relacionamentos e nosso bem-estar geral.

EQUILIBRAR
SUAS EMOÇÕES
É O QUE PERMITE
SEGUIR EM FRENTE
MESMO QUANDO
A VIDA APERTA.

@junior.campos.prado
Kaizen para grandes conquistas

ÁREA MENTAL INTELECTUAL

O intelecto é igualmente vital para uma vida plena e realizada. Seguindo o espírito de Kaizen, a melhoria contínua na esfera intelectual significa investir constantemente em nosso crescimento cognitivo e aprendizado. Assim como o corpo precisa de exercício físico, a mente intelectual necessita de desafios que a mantenham ativa e em evolução.

Cultivar a mente intelectual envolve expandir nosso conhecimento, aprimorar habilidades e desenvolver o pensamento crítico. Isso pode ser alcançado por meio de práticas como leitura, estudo, resolução de problemas e a busca por novas experiências que nos tirem de nossa zona de conforto. A ideia é manter a mente afiada, aberta a novas ideias e adaptável às mudanças. Como aprendemos com a história dos suíços e japoneses no mercado de relógios, focar a solução em vez de aprimorar o problema pode nos levar a resultados revolucionários. Completando o exemplo anterior, enquanto os suíços tentavam melhorar o relógio mecânico, os japoneses criaram o digital e mudaram o jogo.[1]

No Kaizen, pequenos passos diários, como a leitura de um capítulo de um livro, o aprendizado de um novo conceito ou a reflexão sobre experiências passadas, podem ter um impacto significativo ao longo do tempo. O objetivo é criar uma mente intelectual em constante desenvolvimento, capaz de pensar de forma inovadora, tomar decisões informadas e contribuir positivamente para os desafios e oportunidades que surgem na vida cotidiana. Um intelecto bem cuidado aumenta seu potencial de sucesso e permite viver com mais propósito e clareza.

A mente intelectual é DIREÇÃO: por meio do aprendizado e do conhecimento, conseguimos tomar decisões mais assertivas e direcionadas. Nossa mente intelectual nos guia no caminho certo, ajudando-nos a alcançar nossos objetivos com clareza e propósito.

---

1 Japão vs Suiça. A Seiko na história e nos avanços da relojoaria. 2024. Vídeo (2h22min15s). Publicado por Relógios sem Fronteiras. Disponível em: https://www.youtube.com/watch?v=XPSc1NHzMR0&ab. Acesso em: 20 mar. 2025.

UMA MENTE EM MOVIMENTO É UMA VIDA EM EXPANSÃO. APRENDER É CRESCER COM DIREÇÃO.

@junior.campos.prado
Kaizen para grandes conquistas

ÁREA ESPIRITUAL

A espiritualidade representa a conexão com algo maior que nós mesmos e dá um sentido profundo à vida. De acordo com Kaizen, a espiritualidade não precisa ser vista como algo fixo ou rígido, mas como um aspecto da vida que pode ser cultivado e aprimorado continuamente. Este conceito nos convida a refletir sobre nossas crenças, valores e propósito, incentivando-nos a fazer pequenos ajustes que nos aproximem de uma existência mais significativa e plena. Ao nutrir nossa espiritualidade de forma incremental, encontramos maior paz interior e resiliência diante das dificuldades. Essa conexão com o transcendente, seja por meio de práticas religiosas, meditação, ou simplesmente uma vida vivida com propósito, fortalece nossa capacidade de lidar com as incertezas da vida. Kaizen nos lembra que, ao cultivar a espiritualidade de forma gradual, encontramos um equilíbrio mais profundo que enriquece todos os outros aspectos da nossa existência.

A espiritualidade é FORÇA: é na área espiritual que encontramos a força motivadora que nos inspira a acreditar e agir. É por meio dela que buscamos significado e propósito, o que nos impulsiona a superar obstáculos e a perseverar em nossa jornada de vida.

A ESPIRITUALIDADE
É O QUE ANCORA VOCÊ
NOS SEUS VALORES,
MESMO EM MEIO ÀS
TEMPESTADES.

@junior.campos.prado
Kaizen para grandes conquistas

ÁREA FINANCEIRA

A segurança financeira é um pilar essencial para a paz de espírito e a capacidade de viver de acordo com nossos valores e conquistas de objetivos. Dentro do conceito Kaizen, a gestão financeira é vista como um processo de melhoria contínua, onde cada pequena ação pode levar a uma situação financeira mais estável e segura. Gerenciar bem o dinheiro não é apenas sobre acúmulo de riqueza, mas sobre a criação de uma base sólida que permita tomar decisões de vida sem o peso constante da preocupação com o saldo bancário. Kaizen nos ensina que, ao fazer ajustes finos, como poupar um pouco mais, investir de forma consciente, ou cortar despesas desnecessárias, podemos construir um futuro financeiro mais seguro e alinhado com nossos objetivos de vida. Cada passo nesse processo não só contribui para a estabilidade financeira, mas também nos dá a liberdade de viver com mais tranquilidade e menos preocupações.

A finança é ESTABILIDADE: a gestão financeira eficaz nos proporciona a segurança e a tranquilidade necessárias para planejar o futuro e viver com mais liberdade. Finanças bem-organizadas garantem que possamos sustentar nossos sonhos e necessidades, proporcionando uma base sólida para o crescimento e a realização pessoal.

ORGANIZAR AS FINANÇAS É MAIS DO QUE PLANEJAR O FUTURO — É RESGATAR A TRANQUILIDADE NO PRESENTE.

@junior.campos.prado
Kaizen para grandes conquistas

ÁREA FAMILIAR

A família é o núcleo emocional e social de nossas vidas, fornecendo suporte, segurança e amor incondicional. No conceito de Kaizen, cuidar das relações familiares é visto como um processo contínuo de fortalecimento dos laços que nos unem. A família nos dá um senso de pertencimento e identidade, e investir nesse núcleo é investir em nosso próprio bem-estar emocional. Kaizen nos ensina que pequenas ações diárias, como passar mais tempo juntos, comunicar-se de forma mais aberta e apoiar uns aos outros em momentos de necessidade, podem transformar a dinâmica familiar de forma profunda e duradoura. O fortalecimento gradual desses laços garante que, mesmo diante dos desafios da vida, a família permaneça como uma fonte constante de apoio e estabilidade, permitindo-nos enfrentar o mundo com mais segurança e confiança.

A família é RAIZ: ela representa nossas origens e o apoio fundamental que nos sustenta. Nossa família fornece a base emocional e o senso de pertencimento que nos ancoram na vida, nutrindo nossos valores e dando força para enfrentarmos os desafios com confiança.

É NAS RAÍZES DA FAMÍLIA QUE VOCÊ ENCONTRA FORÇA PARA FLORESCER COM MAIS SEGURANÇA.

@junior.campos.prado
Kaizen para grandes conquistas

ÁREA DE RELACIONAMENTOS

Os relacionamentos que construímos ao longo da vida são fundamentais para o nosso bem-estar emocional e social. No espírito de Kaizen, cada interação com os outros é uma oportunidade para melhorar e fortalecer esses laços. Relações saudáveis e sólidas não surgem da noite para o dia; elas são construídas e nutridas por meio de pequenas ações consistentes, como a prática da empatia, a comunicação honesta, e o apoio mútuo. Kaizen nos lembra que, ao fazer melhorias incrementais em nossos relacionamentos, podemos criar conexões mais profundas e significativas. Essas conexões nos oferecem suporte em momentos de dificuldade e nos enriquecem em tempos de alegria. Ao aplicar o princípio de Kaizen nas nossas interações, garantimos que nossos relacionamentos cresçam e se tornem cada vez mais fortes, trazendo mais equilíbrio e felicidade para nossas vidas.

Relacionamento é CONEXÃO: nossas interações com os outros, sejam amizades, parcerias ou relações amorosas, são as conexões que enriquecem nossa vida. Relacionamentos saudáveis e significativos nos proporcionam suporte, inspiração e crescimento pessoal, ampliando nosso mundo e fortalecendo nossa resiliência emocional.

Perceba como essas áreas se complementam e, juntas, formam a base para uma vida rica, satisfatória e harmoniosa. Ao investir na sua saúde física, emocional, intelectual, espiritual, financeira, familiar e nos seus relacionamentos, você construirá uma vida mais equilibrada e significativa.

BOAS CONEXÕES
NÃO SE CONSTROEM
POR ACASO — ELAS
PEDEM PRESENÇA,
RESPEITO E
CUIDADO DIÁRIO.

@junior.campos.prado
Kaizen para grandes conquistas

ILUMINAÇÃO: O EU CONSCIENTE E A INTEGRAÇÃO DAS SETE DIMENSÕES DA VIDA

Ao compreender que você não é apenas o seu corpo, as suas emoções, a sua mente, o seu espírito, os seus bens materiais, o seu DNA ou os seus relacionamentos, surge uma pergunta essencial: quem é você, afinal? Essa resposta não pode ser encontrada em fragmentos isolados da sua existência ou nas narrativas criadas pelo ego. Ela está no seu **eu interior**, aquela parte que transcende as limitações impostas pelos padrões automáticos da mente. Esse é o **eu consciente**, aquele que observa, sente, aprende e evolui. Mas como acessar essa consciência? Como viver de maneira plena e equilibrada?

A resposta está em viver agora, no presente, a integração das sete principais dimensões da vida. É por meio delas que encontramos paz interior, fortalecemos a conexão com o Deus que habita em nós e aprendemos a dominar o ego.

A filosofia Kaizen nos ensina que pequenos passos diários geram grandes transformações. Assim como aprimoramos nossa produtividade ou desenvolvemos um talento, podemos também evoluir na compreensão do nosso eu interior por meio da melhoria contínua em cada uma dessas dimensões da vida.

Quando essas sete áreas são trabalhadas de forma equilibrada e integrada, conquistamos um entendimento mais profundo do nosso verdadeiro eu consciente. A jornada da autogestão e do Kaizen nos ensina que o despertar não acontece por meio de um único grande evento ou de uma revelação súbita. Pelo contrário, ele é construído diariamente, por meio de pequenos hábitos que fortalecem cada aspecto da nossa existência.

O ego, que tantas vezes nos aprisiona em ilusões de controle, comparação e medo, perde força à medida que cultivamos o autoconhecimento e a conexão com a nossa essência. Esse processo não significa negar o ego, mas compreendê-lo e utilizá-lo como uma ferramenta de evolução, em vez de permitir que ele nos domine.

A verdadeira liberdade nasce quando reconhecemos que não somos nossos pensamentos, nossas emoções ou nossos medos. Somos a consciência que observa, escolhe e cria. Ao integrar as sete dimensões da vida à filosofia Kaizen, acessamos um estado de plenitude autêntica, onde a paz interior deixa de ser um conceito distante e passa a ser um estado natural do ser.

Este é o verdadeiro caminho para o despertar do eu consciente!

MINHA JORNADA PESSOAL EM BUSCA DE EXCELÊNCIA

Agora que já exploramos como as sete dimensões da vida e como o Kaizen podem ser aplicados em diferentes áreas, gostaria de pedir licença para compartilhar com você um pouco da minha jornada pessoal em busca de excelência. Acredito que conhecer minha história pode ajudar a ilustrar como descobri o poder do Kaizen e da autogestão e como essas práticas transformaram a minha vida.

Nasci em 1964, em um lar privilegiado na tranquila cidade de Jaú, interior de São Paulo — uma cidade onde as tradições moldavam o ritmo da vida e o comportamento das pessoas. Meu pai, Luiz Carlos de Campos Prado, era uma figura muito respeitada. Até a minha adolescência, vivíamos com o necessário, sem grandes abundâncias financeiras. Ele era funcionário público, formado em economia pelo Mackenzie, e minha mãe, dona de casa dedicada, tinha formação no antigo curso normal para professores (magistério). Foi apenas após esse período que meu pai mergulhou de vez no universo do empreendedorismo. Mais que um empreendedor, ele era um verdadeiro humanista — um homem de ideias, um ecologista por essência e um intelectual apaixonado pelas artes. A música, a dança e, especialmente, o canto, faziam parte do seu modo de viver e inspirar. Entre tantas contribuições à cidade, seu envolvimento com o carnaval foi marcante. Por vários anos, presidiu a organização da festa, imprimindo um legado artístico e cultural que ainda hoje ecoa nas ruas de Jaú.

Receber o nome de meu pai e me tornar o "Junior" foi para mim mais do que uma herança; foi a adoção de uma vida repleta de responsabilidades e expectativas. Afinal, crescer à sombra de um homem tão admirado acarretou uma mistura de orgulho e desafio, que definiu muitos dos contornos da minha própria personalidade.

Por conta da forte presença de meu pai, tive uma infância de certo modo tímida, mas a faculdade de engenharia civil e a prática de artes marciais desde criança me recompensaram com a autoconfiança necessária para exercer minha individualidade em plenitude. Minha mãe, Alzira, por sua vez, optou por deixar o trabalho como professora para cuidar de mim e dos meus irmãos, Marcelo e Ricardo, e se realizou como dona de casa.

O rigor e a disciplina de meu pai eram marcantes. Mesmo nos finais de semana, dormíamos cedo e ele fazia questão de nos tirar da cama quase de madrugada, depois de oito horas de sono, que ele frisava serem suficientes para o repouso necessário. Ele fazia questão que usássemos o tempo para praticar atividades que, ao final do dia, nos aprimorasse um pouco mais, nem que fosse em apenas 1% — podia ser a leitura de um livro, um hobby ou qualquer coisa que representasse um crescimento mental, físico ou espiritual. Sua intenção era que fizéssemos algo produtivo, em lugar de nos entregar à preguiça ou a atividades supérfluas. Suas atitudes eram motivadas pelo amor.

De certo modo, essa educação não somente pavimentou o meu caminho para a Universidade de São Paulo, onde ingressei sem grandes obstáculos, como me despertou para a prática do esporte. Mas, para entender esse momento, preciso voltar um pouco no tempo. Meu pai era um homem de menos de 1,60 metro de altura e sofreu muito bullying na infância por ser pequeno e considerado fraco. E, por isso, ele tomou uma decisão que mudaria minha vida: me iniciar nas artes marciais aos seis anos. Ele queria que eu crescesse com mais autoconfiança, segurança e força, tanto física quanto mental. Desde então, a atividade física se tornou essencial para mim. Eu me apaixonei pela ideia de movimento, superação e disciplina.

Aos dez anos, meus objetivos já estavam claros: queria participar de grandes campeonatos, conquistar títulos e, acima de tudo, desafiar meus próprios limites. Aquilo era apenas o começo de uma jornada que prometia ser transformadora. Por isso, durante anos, minhas tardes eram sagradas. Dedicava-me ao movimento: corridas, futebol, judô... cada treino não era apenas uma atividade física, mas um momento de renovação. Era minha maneira de recarregar as energias, alinhar meu foco e encarar os desafios do dia a dia com determinação e força. Não era apenas um hábito; era um propósito. Conquistei vários títulos esportivos. Fui várias vezes campeão regional e participei de inúmeras competições de nível estadual e nacional na modalidade do judô. Tempos depois, em minhas últimas conquistas no tatame, já com mais de cinquenta anos de idade, fui campeão brasileiro de karatê por três vezes consecutivas, em 2016, 2017 e 2018. Também estive entre os oito melhores do mundo no Mundial da Inglaterra de 2018. Tive o privilégio de sentir essa sensação indescritível outra vez, em março de 2025 — durante a edição deste livro —, quando competi na Wado Cup International, em Roma, e conquistei o título de campeão mundial, levando para casa a medalha de ouro na categoria Master 59+. Elenco tais vitórias porque acredito que não basta ensinar, é preciso praticar o que se prega. Essa fortaleza interior que o esporte proporciona me equipou para enfrentar inúmeros desafios ao longo da vida.

A vida também me levou a trilhar caminhos que jamais havia imaginado. Após oito anos de formado na faculdade de engenharia, decidi investir na área empresarial e abri a minha própria construtora, o que alavancou novos negócios. A visibilidade que ganhei na comunidade da engenharia e em outros empreendimentos de sucesso abriram portas no empreendedorismo, e assim decidi abrir uma escola para novos engenheiros com vontade de empreender. O fato de transbordar conhecimento é extremamente prazeroso.

Aos 42 anos, assumi mais compromissos e responsabilidades: um trabalho exigente, uma família em crescimento e até compromissos políticos, como Secretário Municipal da Educação e Chefe de Gabinete do Prefeito de Jaú. Essas responsabilidades ocuparam os espaços antes reservados ao meu bem-estar físico, mental e espiritual. Foi no âmbito político que enfrentei meus desafios mais significativos. Apesar de me dedicar a fazer o melhor possível pela cidade, me vi confrontado frequentemente pela oposição, que buscava falhas em meus esforços, além de criar as chamadas *"fake news"*. Naquela época, eu vivia mergulhado em minha própria bolha de comprometimento e honestidade e não conhecia, na prática, esse lado nefasto da política. Esse período da vida provou ser extremamente desafiador, mas, ao mesmo tempo, se tornou uma oportunidade de crescimento pessoal e profissional. De certo modo, fui obrigado a remover o véu da ingenuidade que ainda cobria meus olhos e aprendi valiosas lições.

Como Secretário de Educação, eu liderava uma equipe de quase 1.500 funcionários, cuja grande maioria era professores. Essa posição, embora enriquecedora, me expôs a contextos que, em certo grau, desafiaram a minha dedicação total à fidelidade conjugal e puseram à prova meus valores pessoais, que felizmente preservei. Contudo, perto de completar 48 anos, minha vida pessoal passou por uma grande transformação. De 1990 a

2010, desfrutei de um casamento estável e da tranquilidade de um lar onde meus dois filhos, Yuri e Lucas, cresceram e se tornaram jovens de valor. Mas os problemas conjugais surgiram e me assolaram como um furacão. O divórcio foi um baque! Minha vida até então tinha sido meticulosamente planejada: casei-me com minha primeira namorada depois de sete anos de namoro; passamos uma lua de mel dos sonhos e tivemos dois filhos maravilhosos. Em outras palavras, eu havia conquistado tudo o que queria para a minha vida pessoal.

Quando meus filhos saíram de casa para a faculdade e eu estava me dedicando intensamente à política, entendi que eu precisava realizar uma profunda transformação pessoal e profissional. Aprendi que gerenciar carreira e negócios é desafiador, mas lidar com mudanças pessoais, como uma separação, é ainda mais complicado. O divórcio e a turbulência na política desencadearam uma série de rumores sobre minha vida privada, algo particularmente difícil de administrar em uma cidade de pouco mais de 150 mil habitantes, onde praticamente todos conheciam meu sobrenome, que frequentemente aparecia nas colunas sociais.

Naquela fase, tudo que eu desejava era manter uma imagem pública respeitável, condizente com a minha conduta. Enquanto alguns me rotulavam como vilão, aqueles que realmente me conheciam compreendiam a complexidade da minha situação. Eu estava em constante julgamento público. Essa dualidade de percepções, embora desgastante, me apresentou uma oportunidade de ouro: cuidar não apenas das minhas responsabilidades profissionais e familiares, mas trabalhar no meu autoconhecimento. Entendi que eu precisava enxergar a mim mesmo, pois eu me encontrava em um conflito interno profundo.

Durante esse período turbulento, decidi me dedicar ao estudo do comportamento humano. Li dezenas de livros sobre psicanálise, movido pelo interesse genuíno em desvendar as razões por trás das ações e dos pensamentos das pessoas que me cercavam. Foram cinco anos de imersão em estudos psicanalíticos incrivelmente enriquecedores. Apesar da intensa pressão e do escrutínio público pelos quais passei, por meio do entendimento da mente humana obtive uma transformação pessoal marcante. Entendi que o conhecimento adquirido me ajudou a gerenciar melhor a minha vida, assim como progredir em direção ao meu propósito, dia após dia.

Por isso, digo com sinceridade: não importa a fase pela qual você esteja passando neste momento, muito menos sua idade ou seu nível social. Às vezes, é na hora da adversidade que desenvolvemos a nossa força mais profunda. Os famosos "perrengues" nos fazem parar, refletir e então reprogramar atitudes que nos impulsionam a andar para a frente, mais fortes.

Recapitulando as sete dimensões essenciais da vida

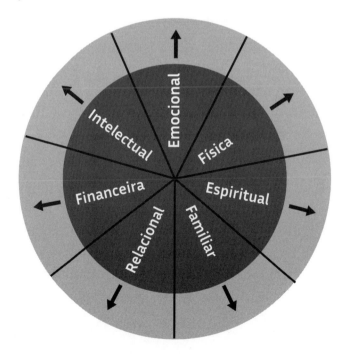

Assim como em uma roda, cada parte precisa estar bem alinhada e estruturada para que o movimento seja fluido, contínuo e equilibrado. Cuidar das sete dimensões do ser é um processo de autogestão consciente, que promove o desenvolvimento pleno e sustentável. Quando uma dessas áreas se expande, é essencial que as demais também evoluam, para que o crescimento aconteça de forma harmônica e integrada.

Perguntas para reflexão:
- Como está o equilíbrio entre essas sete áreas na sua vida hoje?
- Qual delas está pedindo mais atenção e cuidado neste momento?

PARTE 2

Gestão

Os sete pilares da autogestão

Autogestão

Como mencionei anteriormente, autogestão é a capacidade de gerenciar sua própria vida e carreira de maneira autônoma, sem depender exclusivamente de influências externas. Ela começa com um planejamento cuidadoso, que passa por identificar seus talentos naturais (autoconhecimento), reconhecer o que realmente motiva você (propósito de vida) e entender como suas habilidades são percebidas pelos outros (autoconfiança). A autogestão, portanto, é tomar as rédeas do seu próprio desenvolvimento, planejando e agindo de forma a alinhar suas habilidades e paixões com seus objetivos pessoais e profissionais. Ainda que seu progresso seja lento, amanhã você não será mais a mesma pessoa de hoje. Esse é o verdadeiro espírito do Kaizen!

Assim como tomei a decisão de assumir um papel mais ativo na construção da minha vida, tanto no aspecto pessoal quanto no profissional, você também pode fazer o mesmo. Já parou para pensar em como pode tomar as rédeas da sua própria vida?

Mas preciso dizer algo: antes de você ficar bom em algo, você começará como um bebê que começa a engatinhar. É inevitável iniciar de maneira desajeitada ou até ruim. Esse é um processo natural, mas exige coragem e uma dose significativa de autogestão para persistir. Vou deixar aqui algumas dicas de como você pode começar, antes de falarmos sobre os pilares da autogestão propriamente ditos:

TOMAR AS RÉDEAS DA SUA PRÓPRIA VIDA É O MAIOR ATO DE CORAGEM E AMOR-PRÓPRIO QUE EXISTE.

@junior.campos.prado
Kaizen para grandes conquistas

1. ACEITAR SUAS LIMITAÇÕES

Há dez anos, eu nunca teria imaginado me tornar escritor. Escrever livros parecia um sonho distante, algo reservado para aqueles que "já nascem com talento para isso". Eu, por outro lado, me via como engenheiro e empreendedor, alguém mais familiarizado com números e projetos do que com as palavras. No entanto, meu propósito de compartilhar conhecimento e minha experiência prática me levaram a superar essa barreira inicial. Ao perceber que meus alunos e jovens profissionais enfrentavam dificuldades para se autogerir e empreender de forma eficaz, percebi que talvez pudesse contribuir de outra forma em suas jornadas — quem sabe com um livro?

No começo, foi um desafio enorme. A insegurança gritava e a autocrítica se fazia presente a cada linha. Porém, decidi aplicar a autogestão e o Kaizen no meu processo de escrita. Em vez de tentar escrever um livro completo de uma vez, passei a me concentrar em escrever um pouco todos os dias, melhorando pouco a pouco. Sabia que não seria um escritor experiente do dia para a noite, mas esse comprometimento diário me fez progredir gradualmente. Com o tempo, cada palavra escrita se tornava mais clara e cada página um pouco mais fluida. Assim, consegui publicar obras que têm impactado leitores e jovens empreendedores, como a Trilogia da construção[1] e *Empreender na Engenharia Civil*.[2]

Esse princípio de começar ruim, mas melhorar constantemente, se repetiu em vários momentos da minha vida. Quando assumi a posição de Secretário de Educação em Jaú, por exemplo, sabia que me encontraria em um terreno complexo, lidando com a responsabilidade de liderar uma área tão importante para a comunidade. Mas o propósito claro de servir e contribuir

---

[1] Prado, Junior Campos. Trilogia da construção. Curitiba: Solidum, 2019.
[2] Prado, Junior Campos. *Empreender na Engenharia Civil*. Salvador: Ekoa Educação, 2021.

me deu coragem para lidar com os desafios. Foi, novamente, um processo de Kaizen. Em vez de focar o tamanho da responsabilidade e as incertezas iniciais, foquei em melhorar um aspecto por vez, desde a gestão de verbas para creches comunitárias até a implementação de políticas educacionais. A cada pequena conquista, fui adquirindo mais segurança e me fortalecendo como líder.

Outro exemplo é o início da minha jornada nas artes marciais. Aos seis anos, comecei a praticar judô, e mais tarde, karatê. A princípio, cada movimento parecia difícil, cada queda era uma pequena derrota. Mas, aplicando uma mentalidade de Kaizen e autogestão, fui persistindo, ajustando minhas técnicas e trabalhando em minha disciplina dia após dia. Hoje, com anos de prática e diversas conquistas, incluindo campeonatos nacionais e internacionais, posso olhar para trás e ver que cada pequeno avanço no início foi fundamental para me tornar o praticante de artes marciais que sou hoje.

Essas experiências reforçaram uma lição valiosa: ninguém começa como especialista. Na verdade, começar algo novo quase sempre é desconfortável. A autogestão nos ajuda a navegar por esse caminho, dando-nos a força para administrar essa dificuldade inicial e a visão para estabelecer metas claras, por menores que sejam. Ao praticar o Kaizen, cada pequena vitória se acumula e cria uma base de confiança, que se transforma em um verdadeiro diferencial.

Hoje, ao refletir sobre cada livro publicado, cada palestra ministrada e cada desafio superado, vejo que a jornada não teria sido possível sem essa mentalidade. Com o Kaizen, aprendi que o valor está na constância, e que não importa onde você começa, mas sim onde você quer chegar. Antes de se tornar bom em algo, aceite que você começará ruim e está tudo bem. E, com disciplina e determinação, transforme essa primeira etapa no ponto de partida de uma jornada repleta de realizações.

2. RESPEITAR A SUA ESSÊNCIA

Respeitar a sua essência é uma das práticas mais poderosas que se pode adotar. Envolve entender quem você é, o que realmente valoriza e o que o move. Não importa quantos desafios enfrentemos ou quantas responsabilidades assumamos, há certas coisas em nossa natureza que, quando respeitadas, tornam a vida mais plena e significativa. Ao longo dos anos, percebi que a autogestão e o Kaizen são instrumentos essenciais para manter essa conexão com minha essência, ajudando-me a honrar o que é fundamental em mim, mesmo em meio a mudanças e novas conquistas.

Desde jovem, sempre tive o impulso de servir ao próximo. Esse valor me levou a me envolver em diversas atividades comunitárias, como minha atuação no Rotary Club de Jaú Norte, onde tive o privilégio de servir como presidente em três mandatos diferentes e no momento em que escrevo este livro, estou eleito Governador do Rotary distrito 4480 para o biênio 2027-8. Essa vontade de ajudar está profundamente enraizada em mim; é uma expressão da minha essência. A autogestão me ajudou a priorizar esse compromisso, independentemente das demandas do dia a dia. Reservei tempo e energia para me dedicar ao que realmente importa e essa prática me mantém alinhado com quem sou. Cada ato de serviço, por mais simples que seja, tornou-se uma oportunidade de crescimento e aprendizado.

A filosofia Kaizen fortaleceu ainda mais essa dedicação. Mesmo quando a agenda estava apertada e as responsabilidades eram muitas, sempre encontrei maneiras de servir, de contribuir, de fazer algo pelos outros.

Quando decidi entrar para o serviço público como Secretário de Educação, novamente fui guiado pela minha essência. Desejava fazer algo significativo pela comunidade, um propósito que ressoava com meu desejo de ajudar. Nesse período, aprendi que respeitar quem sou exigiria algumas escolhas difíceis. Havia pressões e desafios que testaram minha integridade, mas, graças à prática da autogestão e ao Kaizen, pude alinhar minhas ações com meus valores. Esse processo de melhoria contínua me ajudou a tomar decisões que beneficiavam a comunidade e me permitiam honrar o compromisso com o que realmente importava.

Respeitar minha essência também significou aceitar que eu não precisava ser perfeito ou saber tudo de antemão — e está tudo bem!

3. ACREDITAR NO FUTURO

O sonho é o primeiro passo. Ele vem da imaginação e representa as possibilidades ilimitadas da nossa mente. É onde permitimos que nossos desejos e visões ganhem forma. Lembro-me de quando comecei a sonhar com uma vida plena e com uma carreira significativa. Tinha uma visão de onde queria estar, mas, no início, ela era vaga, sem um plano específico. Naquele momento, o sonho era apenas uma fonte de inspiração, algo que mantinha minha motivação acesa, mas que ainda não estava delineado.

A neurociência explica que, nessa fase de sonhar, áreas como o córtex pré-frontal são ativadas, estimulando a visualização e o planejamento de cenários futuros. Mesmo que o objetivo ainda seja abstrato, quando sonhamos o nosso cérebro já começa a reorganizar seus circuitos e a criar conexões, preparando-se para transformar o imaginado em algo tangível.

4. DESENVOLVER UM PROPÓSITO

O propósito é o que dá sentido ao sonho, uma razão mais profunda que orienta nossas escolhas e motivações. Enquanto o sonho é uma visão, o propósito é a força que nos move para realizá-lo. No meu caso, percebi que meu propósito estava ligado ao desejo de impactar a vida das pessoas por meio da educação, autogestão e orientação — e ele virou minha bússola interna, dando significado a cada passo e decisão.

A autogestão desempenha um papel fundamental aqui, pois, para alinhar nossas ações ao nosso propósito, precisamos de clareza, disciplina e foco. Esse alinhamento cria uma força interna que nos permite tomar decisões consistentes e que estejam em harmonia com o que realmente valorizamos. Com um propósito bem definido, nosso cérebro se motiva naturalmente, direcionando nossa energia e atenção para ações congruentes com nossos valores e metas.

5. CRIAR OBJETIVOS TANGÍVEIS

O objetivo é o ponto onde o sonho começa a se tornar concreto. Ele representa o ato de escolher quais sonhos vamos focar e qual será o nosso compromisso para realizar nosso propósito. É a fase em que começamos a desenhar uma linha entre o que imaginamos e a realidade que queremos construir. Para mim, um dos meus objetivos foi me tornar um mentor e professor, ajudando jovens a desenvolverem suas próprias habilidades de autogestão e a definirem a sua missão.

A neurociência nos mostra que, ao estabelecer objetivos claros, o cérebro começa a "treinar" para alcançar esses resultados. O cérebro, através da neuroplasticidade, fortalece as conexões que nos direcionam para comportamentos mais eficazes e alinhados com nossos objetivos. Aqui, a autogestão entra em cena mais uma vez, ajudando a definir prioridades e a organizar os recursos pessoais para transformar o objetivo em realidade.

A meta é o passo a passo que nos aproxima do objetivo. Enquanto o objetivo é o destino, as metas representam o caminho que percorremos dia após dia. É aqui que o Kaizen faz toda a diferença, pois nos ensina a focar os pequenos avanços diários, em vez de esperar grandes mudanças repentinas. Pequenos passos, realizados de forma consistente, criam uma espiral de crescimento.

Por exemplo, quando decidi melhorar a saúde física e incluir o karatê na minha rotina, estabeleci metas diárias, como ajustar meu horário de sono, modificar minha alimentação gradualmente e praticar exercícios todas as manhãs. No início, parecia um desafio imenso, mas com a prática de pequenos passos diários — inspirados pelo Kaizen — esse hábito se consolidou. Pequenas metas tornaram-se parte da minha rotina e, com o tempo, criaram uma mudança significativa, me aproximando do meu objetivo final.

A neurociência reforça que a repetição de pequenos hábitos diários cria novas conexões sinápticas, tornando esses comportamentos automáticos. Ao incorporar pequenas metas diárias, criamos um sistema que facilita a autogestão e mantém o foco no objetivo, tornando tangível o passo a passo para alcançá-lo.

6. ESTABELECER NOVOS HÁBITOS

A construção de novos hábitos diários é a essência da filosofia Kaizen. A cada repetição, o cérebro automatiza o processo, reduzindo o esforço necessário para manter o foco e a disciplina. Quando praticamos esses pequenos passos diariamente, estamos, na verdade, treinando nosso cérebro para manter-se no caminho. Esse processo de criação de hábitos é essencial para a autogestão, pois ajuda a transformar a disciplina em uma prática natural.

Assim, ao repetir pequenos passos todos os dias, fortalecemos nossa determinação e aumentamos nossa capacidade de permanecer comprometidos com nossos objetivos e propósito. A cada hábito consolidado, nossa confiança e disciplina aumentam, facilitando o progresso e promovendo um crescimento contínuo e sustentável.

É como sempre digo: não existe transformação sem consistência. Pense nisso como um alerta: cada ação, por menor que pareça, é como alimentar os peixes diariamente. Se você esquecer por alguns dias, o impacto pode ser desastroso. Mas se criar um hábito regular, tudo se mantém em equilíbrio, e o aquário se torna um ecossistema saudável. O mesmo acontece com nossas vidas: pequenas ações diárias constroem grandes conquistas.

Portanto, a jornada de realização começa com um sonho, é guiada por um propósito, torna-se mais tangível através de um objetivo e é concretizada com metas diárias, dentro do espírito de melhoria contínua do Kaizen. Ao integrar essa filosofia de pequenos passos e de autogestão, maximiza-se o potencial de alcançar grandes transformações de forma gradual e sólida, resultando não apenas em realizações, mas em uma vida mais plena e alinhada ao nosso propósito.

Essa percepção veio de uma experiência marcante em um dos meus primeiros grandes projetos como engenheiro. A obra era de grande porte, com prazos apertados e uma equipe ainda inexperiente. No início, caí na armadilha de resolver os problemas que surgiam no dia a dia, correndo de um lado para o outro, como se fosse um bombeiro tentando apagar vários focos de incêndio. Eu achava que ser o "resolvedor de problemas" era a minha única habilidade. Foi um período exaustivo, marcado por noites mal dormidas, tensão constante e uma sensação de que estávamos sempre atrasados.

Até que, em meio ao caos, uma vozinha interna me disse algo que mudou minha perspectiva: "Junior, resolver problemas não é o seu trabalho. O seu trabalho é planejar para que eles não existam". Essa frase me fez refletir profundamente. Eu queria conquistar muitas coisas ao mesmo tempo, mas estava claro que, sem um alinhamento interno, meus esforços se dispersariam. Meu foco estava errado.

Foi só quando comecei a aplicar os princípios do Kaizen na minha rotina que minha mentalidade mudou. O Kaizen me ensinou que, em vez de gastar energia corrigindo o que está errado, eu deveria focar em criar processos que evitassem os problemas antes mesmo de eles surgirem.

Percebi que, para sair desse ciclo de apagar incêndios, eu precisava desenvolver uma nova abordagem: antecipar desafios, estruturar processos e, acima de tudo, gerir a mim mesmo antes de tentar organizar qualquer equipe ou projeto. Foi assim que comecei a compreender a importância da autogestão.

A partir desse momento, passei a dedicar tempo não apenas às demandas técnicas, mas também ao fortalecimento dos pilares que sustentam uma liderança eficiente e equilibrada. Aprendi que **autoconhecimento** é o ponto de partida, pois sem clareza sobre quem somos e o que buscamos, qualquer planejamento se torna frágil. Percebi que **autoliderança** era essencial para tomar decisões com confiança e influenciar positivamente aqueles ao meu redor. Descobri que a **autodisciplina** seria a ponte entre as intenções e as ações diárias, e que assumir a **responsabilidade** pelos meus resultados me libertava da mentalidade de vítima das circunstâncias.

Com o tempo, compreendi que não bastava apenas agir — era necessário refletir e ajustar o percurso constantemente. A **autoavaliação** tornou-se um hábito valioso, assim como a busca por conhecimento, pois percebi que cada novo aprendizado ampliava minha capacidade de gestão e adaptação. A **espiritualidade**, por sua vez, me trouxe um senso de propósito maior, ajudando-me a manter a resiliência diante dos desafios. E, claro, a **gestão financeira** revelou-se essencial para garantir que minhas escolhas e investimentos estivessem alinhados com meu crescimento e liberdade.

Esses pilares passaram a guiar minha jornada não apenas como engenheiro e empreendedor, mas também como professor, palestrante e autor. E é por isso que agora compartilho essa estrutura com você: porque acredito que, ao desenvolver essas habilidades, qualquer pessoa pode conquistar mais equilíbrio, produtividade e realização em sua vida.

Existe uma história simples, mas poderosa, que sempre me faz refletir. Fala de um pássaro que, em vez de voar, decidiu andar. Por mais que tivesse asas fortes e fosse feito para estar no céu, ele ignorava suas capacidades. Certo dia, uma cobra cruzou seu caminho. Ele, teimoso em negar sua natureza, não se incomodou e continuou andando. A cobra, sem dificuldade, o atacou e o engoliu. Essa fábula nos ensina algo: ignorar nossos potenciais é renunciar as nossas maiores vantagens. Se Deus ou a natureza nos deram habilidades, elas existem para serem usadas da melhor maneira possível. Isso vale não apenas para nossa sobrevivência, mas para alcançar um nível superior de qualidade de vida e realização pessoal. No entanto, usar as nossas habilidades da forma certa exige intencionalidade. E é essa intencionalidade para gerir sua vida com determinação que transforma potencial em realização, permitindo que você não apenas sobreviva, mas realmente voe na direção dos seus maiores objetivos.

OS PILARES DA AUTOGESTÃO

Antes de mergulharmos profundamente em cada um dos pilares da autogestão, farei uma breve apresentação de cada um deles. Essa visão geral ajudará a compreender como esses elementos se conectam e formam a base para uma vida mais equilibrada e produtiva.

Em seguida, cada pilar será explorado em um capítulo exclusivo, com uma abordagem mais detalhada, trazendo conceitos, reflexões e estratégias práticas para aplicá-los no dia a dia. Dessa forma, você poderá assimilar cada princípio de forma progressiva e integrá-los à sua rotina de maneira natural e eficaz.

Primeiro pilar: autoconhecimento

Entender quem somos no nosso âmago — nossas forças, fraquezas, valores e aspirações — é essencial, pois nos permite estabelecer metas que não apenas nos desafiam, mas que também ressoam profundamente com aquilo que é mais importante para nós.

Quais são as suas verdadeiras forças? E as suas fraquezas? Quais valores você considera inegociáveis? Pode parecer simples responder a essas perguntas, mas a verdade é que muitos de nós temos dificuldade em encontrar essas respostas, porque raramente tiramos um tempo para realmente refletir sobre esses aspectos fundamentais da nossa identidade. Estamos tão envolvidos nas demandas do dia a dia que muitas vezes esquecemos de parar e fazer essa reflexão necessária. Já pensou em dedicar um tempo para realmente se conhecer?

Neste pilar, quero apresentar outro termo oriental, que considero essencial na prática do Kaizen: o **ikigai**. Esse conceito japonês significa "razão de ser" ou "propósito na vida". Ele nasce da interseção entre quatro elementos fundamentais: aquilo que você ama, o que faz bem, o que o mundo precisa e pelo que pode ser recompensado. Quando encontramos nosso ikigai, a vida ganha mais significado e satisfação, pois cada dia se torna uma oportunidade de expressar quem somos e contribuir de forma autêntica para o mundo ao nosso redor.

No meu caso, essa descoberta veio em uma fase mais madura da vida. Depois de décadas atuando como engenheiro, empreendedor e líder comunitário, percebi que minha verdadeira realização não estava apenas nos projetos que construía, mas no impacto que poderia gerar ao compartilhar conhecimento e experiências para outras pessoas. Ao me tornar professor, palestrante e autor de livros, comecei a viver meu propósito de forma plena. Esse processo não aconteceu de um dia para o outro — foi uma construção contínua, guiada pela autogestão, pela filosofia Kaizen e pelo aprendizado adquirido em cada etapa da vida.

No início da minha trajetória, dediquei-me intensamente à engenharia civil, construindo uma carreira sólida ao longo de trinta anos. Fundar a Construtora Campos Prado, a Empresa Prosart de marketing e eventos e o Instituto Kaizen de Empreendedorismo e Autogestão foram marcos importantes que me ensinaram sobre planejamento, execução e liderança. Apesar dessas conquistas, havia uma inquietação que me fazia questionar o que realmente me motivava a seguir em frente.

O que eu amava? Percebi que minha verdadeira paixão não estava apenas na construção de projetos físicos, mas também no desenvolvimento de pessoas — em ajudá-las a alcançar seu potencial máximo. O que eu fazia bem? Meu histórico como líder e mentor mostrava que tinha habilidade para inspirar e ensinar. O que o mundo precisava? Em minhas interações com jovens profissionais, percebi que muitos careciam de direcionamento, autoconhecimento e ferramentas práticas para crescer. E como poderia ser recompensado por isso? Transformando essa paixão e habilidade em ensinamentos, seja em sala de aula, em palestras ou em livros, contribuindo para a formação de líderes e empreendedores.

A busca pelo ikigai é um caminho de autoconhecimento e aprimoramento constante. E, ao olhar para trás, percebo que cada experiência, desafio e aprendizado me levaram exatamente onde deveria estar.

Investir em si mesmo, dedicando tempo para se entender de verdade, é um passo fundamental para alcançar uma vida que esteja em harmonia com os seus verdadeiros propósitos e desejos. Para desenvolver esse autoconhecimento e descobrir o seu ikigai, você pode começar com a prática regular de meditação guiada, por exemplo. A meditação guiada é um exercício onde alguém, seja uma pessoa ou uma gravação, conduz você por meio do processo de meditação. Isso ajuda a acalmar a mente e permite que você reflita com mais clareza sobre seus pensamentos e sentimentos. Manter um diário de autorreflexão também pode ser uma ferramenta extremamente poderosa. Não se trata apenas de algo que adolescentes fazem; é uma forma eficaz para adultos registrarem e acompanharem seus pensamentos, emoções e comportamentos ao longo do tempo. Além disso, buscar feedback honesto de colegas e amigos de confiança pode revelar aspectos de você mesmo que talvez você ainda não tenha percebido.

Ao combinar autogestão e Kaizen, consegui incorporar meu ikigai em todas as áreas da minha vida. Isso não apenas aumentou minha satisfação pessoal, mas também me permitiu causar um impacto positivo maior nas pessoas ao meu redor. Hoje, sei que minha missão é compartilhar o que aprendi, ajudar outros a encontrar seu propósito e mostrar que, com disciplina e melhoria contínua, qualquer objetivo pode ser alcançado.

Segundo pilar: autoliderança

No Kaizen, a autoliderança é o núcleo da autogestão que começa com o autoconhecimento. Para liderar uma equipe, precisamos primeiro liderar a nós mesmos. Isso envolve entender nossas emoções, motivações e limites, além de fazer ajustes contínuos em nossa maneira de agir. A melhoria contínua permite que pequenos passos diários de autoconhecimento e controle emocional se tornem a base para uma liderança mais segura e inspiradora.

Como mentor, insisto que a liderança começa de dentro. Ensinar os alunos a empreender em si mesmos é tão essencial quanto ensiná-los sobre o mercado. Autoliderança é fazer o necessário, mesmo nos momentos difíceis, mantendo o controle emocional e alinhando-se aos próprios valores. Um líder que se conduz com propósito e disciplina inspira pelo exemplo — uma qualidade que busco cultivar em cada pessoa que oriento.

Em minhas aulas, aplico o Kaizen incentivando os alunos a darem pequenos passos diários: desde rotinas de autoconhecimento até ajustes na organização financeira, definição de metas e fortalecimento de habilidades de autoliderança. Esses passos, repetidos com consistência, constroem uma base sólida para liderar com confiança e responsabilidade.

Terceiro pilar: autodisciplina

O terceiro pilar é a autodisciplina. Ela nos mantém no caminho, focados e motivados, não importa os obstáculos que encontremos. Através dela, aprendemos a gerenciar nosso tempo de modo sábio, evitar distrações, e permanecer leais às nossas tarefas e objetivos. Autodisciplina, portanto, é a capacidade de controlar nossas ações, emoções e hábitos para alcançar nossas metas, fazendo o que precisa ser feito, mesmo quando não estamos com muita vontade.

Quando comecei a praticar karatê, por exemplo, acordar cedo para treinar era um desafio tremendo. Inicialmente, era difícil incorporar essa rotina, mas com o tempo, a autodisciplina transformou essa prática em um hábito agradável. Acordar cedo e treinar todos os dias passou a fazer parte da minha vida, e hoje, se não treino, sinto falta!

Para mim, um modelo inspirador de disciplina no campo da engenharia é Henry Petroski, um renomado engenheiro civil e autor americano, amplamente reconhecido por suas contribuições no estudo de design e falhas em sua área de atuação.[3]

---

[3] ZAKABI, Rosana. O fracasso ensina. *Veja*, 15 jul. 2006. Disponível em: https://arquivoetc.blogspot.com/2006/07/veja-entrevista-henry-petroski.html. Acesso em: 22 mar. 2025.

Petroski se destacou por sua habilidade de combinar prática e teoria de maneira brilhante em suas obras. Ao longo de sua carreira, ele se dedicou a entender os fracassos em engenharia, acreditando que podemos aprender mais com os erros do que com os acertos. Esse compromisso com o aprendizado contínuo o levou a desenvolver uma rotina meticulosamente planejada: ele acordava cedo todos os dias para revisar literatura científica e escrever artigos, dedicava as tardes ao ensino e à mentoria de seus alunos, e reservava as noites para a análise de dados e a redação de livros.

Essa disciplina permitiu que Petroski publicasse inúmeros livros e artigos que mudaram a forma como pensamos sobre design e falhas, influenciando engenheiros em todo o mundo. Sua dedicação não apenas impulsionou sua carreira, mas também deixou um legado duradouro na engenharia.

Não é por acaso que chamamos as matérias escolares de "disciplinas", como matemática ou biologia. Esses campos do conhecimento, que podem parecer difíceis no começo, nos ajudam a superar a barreira do não saber e alcançar uma compreensão mais profunda e gratificante do mundo ao nosso redor.

A disciplina, por si só, não nos traz felicidade se estiver desprovida de virtude. A habilidade de agir com rigor e precisão, sem uma direção ética, não configura uma verdadeira virtude. Não somos apenas máquinas de habilidades e produtividade: somos seres humanos, com sentimentos e emoções que moldam nossa felicidade. Não estamos aqui apenas para cumprir tarefas sem significado! A verdadeira autogestão vai além de simplesmente realizar; ela envolve fazer o que é valioso, o que faz sentido e traz benefícios para os outros. Isso exige ouvir o próprio coração e promover o autoconhecimento.

Acumular habilidades não significa necessariamente acumular sabedoria. A verdadeira virtude está intrinsecamente ligada à capacidade de fazer o bem. Precisamos ter cuidado para não nos tornarmos tão produtivos a ponto de nos desviarmos de nossos ideais e da nossa essência benevolente. Disciplina não é apenas sobre ser eficiente ou atingir metas; é sobre ser bom consigo mesmo e com os outros. A verdadeira disciplina envolve manter um equilíbrio saudável, respeitando nossos limites e necessidades, enquanto buscamos nos aprimorar.

Assim, esse pilar deve ser visto não apenas como uma ferramenta para alcançar sucesso pessoal, mas como um caminho para viver de acordo com nossos princípios e criar um impacto positivo na vida dos outros. Ao praticar a disciplina com generosidade e empatia, construímos uma vida rica em significado e propósito, alcançando a autorrealização de uma forma equilibrada e harmoniosa.

Nas artes marciais, o segredo do sucesso durante uma competição não é apenas vencer um oponente, mas superar a si mesmo. A cada treino, cada confronto, surge uma oportunidade valiosa de me desafiar e evoluir como ser humano. Meu oponente não é um adversário a ser derrotado, e sim um parceiro essencial que me ajuda a testar os meus limites e aprimorar minhas habilidades. Isso se torna ainda mais importante quando se alcança o status de campeão, pois o foco passa a ser não somente a superação pessoal e o aperfeiçoamento contínuo, mas principalmente dar o exemplo. Agradecer ao meu oponente é reconhecer o papel vital que ele desempenha na minha jornada de crescimento, algo fundamental para o verdadeiro espírito das artes marciais.

Talvez você nunca tenha ouvido falar em Jigoro Kano, fundador do judô e o primeiro asiático a integrar o Comitê Olímpico Internacional (COI).[4] Kano é um exemplo inspira-

---

4 Há 161 anos nascia Jigoro Kano, o pai do judô. *Agência Brasil*, 28 out. 2021. Disponível em: https://agenciabrasil.ebc.com.br/radioagencia-nacional/esportes/audio/2021-10/ha-161-anos-nascia-jigoro-kano-o-pai-do-judo. Acesso em: 22 mar. 2025.

dor de disciplina e autogerenciamento nas artes marciais. Ele enfrentou inúmeros desafios ao longo da vida, mas sempre assumiu a responsabilidade por sua preparação física e mental. Desenvolveu uma rotina rigorosa de treinos, ensino e administração, garantindo que estivesse sempre pronto para liderar e inovar. Kano não buscou apenas o aprimoramento pessoal; ele teve a visão de usar o judô como uma ferramenta para promover valores morais e éticos, deixando um legado positivo para o mundo.

Quarto pilar: responsabilidade

O quarto pilar é a responsabilidade. Ser responsável por nossas ações e decisões é uma parte fundamental da autogestão. Isso significa reconhecer que somos os principais agentes de mudança em nossa vida e que temos o poder de moldar nosso destino.

Desde jovem, percebi a importância de assumir responsabilidade pelas minhas decisões. Essa lição foi reforçada pelas artes marciais, que ensinam humildade e autocontrole. Quando alguém me confronta, procuro não reagir no mesmo tom. Tento absorver a situação, refletir sobre onde posso ter errado e como posso melhorar. Essa postura também se manifesta na minha profissão como engenheiro. Quando os clientes têm suas próprias ideias sobre como querem que as coisas sejam feitas, eu ouço suas sugestões e alerto sobre possíveis consequências. Alguns clientes aceitam minhas sugestões, enquanto outros preferem seguir as próprias ideias. Quando surgem reclamações no final do projeto, vejo isso como uma oportunidade de aprendizado. Uso essas críticas para ajustar minha abordagem em projetos futuros, aprimorando constantemente minha prática.

Um exemplo recente ilustra bem a mensagem que desejo transmitir a você. Um cliente questionou sobre a posição de um registro de água. Embora eu já tivesse construído muitas casas sem receber esse tipo de reclamação, percebi que a observação era uma oportunidade de avaliar melhor o projeto. Desde então, comecei a perguntar aos meus clientes sobre suas preferências em pequenos detalhes, como forma de evitar futuras insatisfações. Essa capacidade de ouvir o outro e ajustar minha abordagem não só melhorou a qualidade do meu trabalho, como reforçou meu compromisso com a responsabilidade e a excelência. Ser responsável transforma você no maestro da sua própria jornada, tocando a melodia que melhor ressoa com os seus valores e expectativas.

Quinto pilar: autoavaliação

O quinto pilar é a autoavaliação. Este é o ato de refletir sobre nossas ações e seus resultados de forma honesta e constante. A autoavaliação nos permite ajustar nossas estratégias e corrigir o curso quando necessário, garantindo que continuemos a crescer e a nos adaptar às mudanças ao longo do caminho, cientes de que estamos em um processo de constante aprendizado.

A palavra "**chochim**", que significa "iniciante" ou "novato", é um termo hebraico que carrega em si uma filosofia profunda: abordar a vida com a curiosidade e a humildade de quem está aprendendo algo pela primeira vez. Essa abordagem não é apenas uma prática intelectual; é uma forma de viver que nos mantém abertos ao aprendizado, nos ajuda a crescer continuamente e nos conecta ao propósito de melhoria constante, a base do Kaizen.

Quando falamos de chochim, estamos falando de uma mentalidade. Trata-se de aceitar que, em qualquer área da vida, somos eternos aprendizes, e que a verdadeira sabedoria está em abordar cada experiência, cada desafio, como uma oportunidade de aprender algo novo.

Thomas Edison, o inventor da lâmpada elétrica que todos conhecemos e utilizamos, é um exemplo clássico de alguém que levou a sério seu papel de aprendiz. Edison falhou inúmeras vezes antes de encontrar o filamento certo para sua lâmpada. Ele mantinha registros detalhados de cada experimento que fazia e revisava constantemente suas abordagens, para descobrir onde estava errando. Foi essa prática de autoavaliação e ajuste que o levou ao sucesso.[5]

Na minha vida, um exemplo marcante dessa prática foi quando comecei a dar aulas e palestras. Mesmo com anos de experiência em engenharia, empreendedorismo e liderança, encarar uma plateia e transmitir conhecimento de forma clara e inspiradora parecia um desafio enorme. Sentia-me um "novato", como um verdadeiro *chochim*, enfrentando dúvidas e incertezas sobre minha capacidade de ensinar. No entanto, ao abraçar essa mentalidade, decidi que cada aula seria uma oportunidade de aprendizado para mim também. Gradualmente, fui aprimorando minhas habilidades de comunicação e didática, até me tornar um palestrante confiante e eficaz.

E você, consegue avaliar suas ações e ajustar suas estratégias para alcançar melhores resultados? Um método eficaz para autoavaliação é a análise SWOT pessoal, que é uma sigla em inglês que significa *Strengths* (forças), *Weaknesses* (fraquezas), *Opportunities* (oportunidades) e *Threats* (ameaças). Esse método envolve uma reflexão cuidadosa sobre suas capacidades e características, ajudando a identificar onde você se destaca (forças) e onde há espaço para crescimento (fraquezas). Além disso, permite que você reconheça as oportunidades ao seu redor que podem ser aproveitadas e as ameaças que podem desafiar seu progresso. Ao realizar essa análise, você ganha uma visão clara de onde está e de onde precisa melhorar.

No entanto, assim como todos os processos baseados no Kaizen, a autoavaliação não deve ser um evento único; ela

---

[5] MAUAD, João Luiz. A sabedoria de Thomas Edison. *Instituto Liberal*, 9 maio 2024. Disponível em: https://www.institutoliberal.org.br/blog/a-sabedoria-de-thomas-edison/. Acesso em: 22 mar. 2025.

deve ser um processo contínuo. É fundamental realizar revisões periódicas de metas, reservando um tempo a cada mês para avaliar seu progresso e ajustar suas estratégias conforme necessário. Essa prática garante um desenvolvimento contínuo e eficaz.

Sexto pilar: espiritualidade

A espiritualidade nos conecta com algo maior e traz um sentido profundo à vida. No Kaizen, a espiritualidade não é rígida; é um aspecto que podemos cultivar e aprimorar continuamente. Esse conceito nos convida a refletir sobre nossas crenças, valores e propósito, fazendo pequenos ajustes para uma vida mais significativa e plena. Ao nutrir a espiritualidade, seja por meio de práticas religiosas, meditação ou uma vida com propósito, ganhamos paz interior e resiliência para enfrentar desafios. Kaizen nos lembra que, ao fortalecer a espiritualidade gradualmente, equilibramos nossa existência e enriquecemos todos os demais aspectos da vida. Na espiritualidade, encontramos a motivação para acreditar e agir, buscando propósito e superando obstáculos com perseverança.

Sétimo pilar: gestão financeira

Em busca de uma vida equilibrada, a gestão financeira é um pilar essencial. Assim como nas artes marciais, onde disciplina e prática constante são cruciais, o manejo das finanças requer atenção e comprometimento contínuos. Aqui, o conceito de Kaizen torna-se um aliado poderoso. Aplicando seus princípios, podemos transformar nossas finanças de forma prática e sustentável.

O primeiro passo é a consciência financeira: ter clareza sobre sua situação atual — receitas, despesas, dívidas e investimentos. Isso funciona como um inventário financeiro, seu ponto de partida. Com essa visão, você consegue planejar e im-

A AUTOGESTÃO COMEÇA QUANDO VOCÊ ENTENDE QUE NINGUÉM VAI FAZER POR VOCÊ AQUILO QUE SÓ VOCÊ PODE DECIDIR VIVER.

@junior.campos.prado
Kaizen para grandes conquistas

plementar mudanças graduais, mas impactantes, rumo a uma saúde financeira mais sólida e organizada.

*

Agora que você conhece um pouco de todos os pilares da autogestão, pode estar se perguntando: *Por onde eu começo para tornar essas práticas algo constante no meu dia a dia?* Minha resposta para você é bem simples: respire fundo e não se preocupe. A partir do próximo capítulo, vamos explorar mais profundamente como aplicar todos os pilares mencionados aqui na sua rotina para alcançar uma autogestão bem-sucedida.

Pilar 1

O PODER DO AUTOCONHECIMENTO

Como você já deve ter percebido até aqui, o autoconhecimento é, sem dúvida, o primeiro passo para qualquer jornada de transformação pessoal e profissional. Entender quem somos, o que realmente valorizamos, quais são nossas forças e fraquezas, e quais objetivos nos movem é essencial para viver com propósito. Sem essa base sólida, todas as tentativas de progresso acabam se tornando superficiais, pois nos falta uma direção verdadeira. Minha própria trajetória, desde o início como engenheiro até a atuação como professor, mentor e autor, foi moldada por um processo contínuo de autoconhecimento. Ao longo dos anos, percebi que, sem essa prática, a autogestão e a busca por resultados seriam impossíveis. A filosofia Kaizen, que propõe uma transformação constante através de pequenas melhorias diárias, complementa perfeitamente esse pilar da autogestão. Ela nos lembra que a autodescoberta é uma jornada contínua e que cada dia traz novas oportunidades para entender mais sobre nós mesmos. Ao integrar o autoconhecimento com a prática do Kaizen, cada passo, por menor que seja, ganha um sentido e nos leva a um crescimento mais profundo.

A primeira lição sobre autoconhecimento que aprendi foi entender que, antes de conhecer qualquer projeto, equipe ou negócio, era necessário conhecer a mim mesmo. Esse insight ficou ainda mais claro quando comecei a atuar como professor e mentor para jovens profissionais que queriam empreender. Muitos tinham ideias incríveis, mas faltava-lhes algo crucial: um entendimento profundo de quem eram e do que queriam verdadeiramente. Eles buscavam estratégias e técnicas para crescer, mas sem uma base de autoconhecimento, suas aspirações acabavam perdendo o rumo.

Percebi que o verdadeiro sucesso começa com o alinhamento dos nossos valores e metas pessoais. Cada vez que conversava com um aluno sobre a importância da autogestão, enfatizava que esse processo não é apenas planejar e organizar o trabalho. É também reconhecer nossos limites, entender o que nos motiva e o que nos paralisa, e aprender a ajustar nossas escolhas de acordo com essa compreensão. A autogestão requer disciplina e coragem para olhar para dentro, identificar áreas de melhoria e dar o próximo passo com determinação.

A FILOSOFIA KAIZEN NO PROCESSO DE AUTODESCOBERTA

Quando começamos a nos conhecer de verdade, não precisamos fazer mudanças radicais. Na verdade, o autoconhecimento se constrói através do Kaizen: pequenos passos diários que, com o tempo, nos transformam de forma profunda. O Kaizen me ensinou que, em vez de esperar uma epifania, podemos melhorar continuamente, tornando-nos cada dia mais alinhados com quem realmente somos.

Por exemplo, uma das minhas experiências mais significativas foi ao decidir escrever meus livros. Quando comecei, eu não me considerava um bom escritor. A ideia de compartilhar minhas experiências e conhecimentos escrevendo parecia desafiadora. No entanto, com o tempo, percebi que tinha um propósito claro: ajudar outras pessoas a encontrar seu próprio caminho. Assim, dia após dia, comecei a escrever um pouco, aplicando o Kaizen, e, aos poucos, minha escrita evoluiu. Hoje, vejo como o poder do autoconhecimento, aliado ao Kaizen, me permitiu transformar um desafio em uma fonte de realização e contribuição para os outros.

A prática de autogestão e autoconhecimento não se limita ao mundo dos negócios ou da escrita, mas também permeia cada aspecto de nossas vidas. Nas artes marciais, por exemplo, aprendi que essa conexão entre mente e corpo é essencial. Desde pequeno, o judô (e, depois, o karatê) tem sido parte fundamental da minha vida. No início, minha motivação era apenas melhorar fisicamente, mas logo percebi que as artes marciais eram uma prática de autoconhecimento. Cada golpe, cada técnica, exigia um entendimento profundo de meus próprios limites e capacidades. A filosofia Kaizen se mostrou fundamental nessa área da minha vida. Em vez de tentar aprender tudo de uma vez, me concentrei em melhorar um movimento por vez, em cada treino. Essa abordagem gradual me ensinou que o autoconhecimento é uma prática diária. Nas competições, aprendi sobre a importância do controle emocional. Enfrentar um adversário, para mim, nunca foi apenas uma questão de força, mas de entendimento de mim mesmo, de minhas emoções e de como lidar com a pressão. Essa disciplina mental que adquiri nas artes marciais me preparou para muitos desafios na vida pessoal e profissional.

Outra experiência transformadora foi minha atuação em organizações comunitárias, como o Rotary Club de Jaú Norte, onde servi como presidente em diversas gestões. O serviço ao próximo é um valor fundamental que faz parte do meu autoconhecimento e da minha identidade. Ao longo dos anos, percebi que essa necessidade de ajudar os outros é uma parte central de quem eu sou e do que considero ser uma vida com propósito. Cada projeto que desenvolvemos no Rotary, cada ação social que apoiamos, foi uma oportunidade de me conectar com meus valores mais profundos e de reafirmar meu compromisso com a comunidade.

Ao ajudar outras pessoas, também aprendi muito sobre mim mesmo. Encontrei forças que não sabia que possuía e desenvolvi uma sensibilidade maior para lidar com diferentes situações. A autogestão foi crucial nesse processo, pois me permitiu equilibrar minhas responsabilidades profissionais com o trabalho comunitário. Saber quais são nossas prioridades e onde realmente queremos investir nosso tempo e energia é um dos maiores benefícios do autoconhecimento.

Quando assumi o cargo de Secretário Municipal de Educação de Jaú, sabia que estava diante de um grande desafio. Era uma posição que exigia não apenas competência técnica, mas também um profundo entendimento de meus próprios valores e limites. Eu queria fazer a diferença, mas sabia que, para isso, precisaria alinhar minhas ações com meu propósito.

Esse período foi um grande exercício de autoconhecimento. Aprendi que, para ser eficaz, precisava ter clareza sobre o que realmente importava, sobre quais valores guiaria minhas decisões. A filosofia Kaizen me ajudou a lidar com os desafios diários, melhorando um aspecto de cada vez. Sabia que não poderia mudar tudo de uma vez, mas, com paciência e persistência, implementei pequenas melhorias que, ao longo do tempo, trouxeram grandes benefícios para a comunidade.

Durante todos esses anos, percebi que o autoconhecimento é a base da resiliência. Conhecer nossas forças e limitações nos ajuda a lidar com os momentos difíceis com mais serenidade e confiança. Cada conquista, cada obstáculo superado, fortaleceu minha compreensão de que o autoconhecimento é o pilar central para uma vida equilibrada e realizada. Por meio do Kaizen, aprendi que não precisamos buscar grandes mudanças para sermos melhores. Pequenos ajustes diários, baseados em um entendimento claro de quem somos, podem nos transformar de forma poderosa e sustentável. Hoje, vejo que o autoconhecimento não é um destino final, mas uma jornada contínua, uma prática que fortalece cada aspecto da minha vida — desde meu papel como engenheiro e empreendedor até minha atuação como escritor, professor e líder comunitário.

O poder do autoconhecimento reside na capacidade de nos alinharmos com nosso propósito, tornando-nos mais conscientes e eficazes em todas as áreas da vida. Com o Kaizen, essa jornada se torna acessível e prática, permitindo que, a cada dia, possamos nos aproximar um pouco mais do nosso verdadeiro eu. Assim como nos negócios, nas artes marciais e no serviço à comunidade, aprendi que cada passo em direção ao autoconhecimento é um passo em direção a uma vida mais significativa e realizada.

Respeitar nossa essência, entender nossos valores e nos comprometer com a melhoria contínua são as maiores conquistas que podemos alcançar. O autoconhecimento nos empodera a sermos nossos próprios líderes e a construirmos uma trajetória de crescimento, tanto pessoal quanto profissional. Ao olhar para minha jornada, percebo que todas as conquistas foram frutos desse compromisso com esse pilar da autogestão e com o Kaizen, tornando-me uma versão cada vez mais autêntica e alinhada de mim mesmo.

O AUTOCONHECIMENTO EM PRÁTICA

Como você viu, o autoconhecimento é a base para o processo de autogestão e para qualquer melhoria contínua. Pequenos momentos de reflexão diária podem trazer grandes transformações ao longo do tempo, por isso gostaria de propor a você um exercício simples, mas poderoso, para colocar o autoconhecimento em prática dia a dia, seguindo a filosofia Kaizen.

Todos os dias, reserve um tempo para responder às três perguntas a seguir. Você pode escrever em um caderno, aplicativo de anotações ou apenas refletir mentalmente. Aqui, não é importante se preocupar com respostas perfeitas, mas sim sinceras — a meta é criar o hábito da auto-observação e estar aberto à evolução constante. Respeitar nossa essência, entender nossos valores e nos comprometer com a melhoria contínua são as maiores conquistas que podemos alcançar. Vamos lá?

- **O que aprendi sobre mim hoje?**
  Observe suas reações, emoções e comportamentos. Houve algo que surpreendeu você? Alguma situação despertou um sentimento forte?
- **O que posso melhorar 1% amanhã?**
  Escolha uma pequena ação que possa aproximá-lo do seu melhor. Pode ser algo simples, como mudar a forma de responder a um desafio ou ajustar sua rotina.
- **Pelo que sou grato hoje?**
  A gratidão fortalece sua mentalidade positiva e ajuda a manter o foco no que realmente importa.

QUANTO MAIS VOCÊ SE CONHECE, MAIS FORTE FICA PARA TOMAR DECISÕES QUE RESPEITAM QUEM VOCÊ É.

@junior.campos.prado
Kaizen para grandes conquistas

Pilar 2

O PODER DA AUTOLIDERANÇA

Quando pensamos em liderança, muitas vezes nos vêm à mente grandes figuras que lideram organizações, movimentos ou comunidades. No entanto, há um tipo de liderança que é fundamental e muitas vezes negligenciada: a autoliderança. O poder da autoliderança é, na verdade, o alicerce que reúne e fortalece todos os outros pilares da autogestão que discutimos e discutiremos ao longo deste livro. É nele que construímos nossa capacidade de autoconhecimento, autodisciplina, autoavaliação e todas as outras formas de gestão pessoal. Quando você lidera a si mesmo com clareza, determinação e propósito, todos os demais aspectos do seu desenvolvimento se alinham e fluem naturalmente. A autoliderança é o fio condutor que integra e potencializa cada passo da jornada de melhoria contínua que o Kaizen nos inspira a seguir.

Esse pilar, portanto, é a força motriz que transforma a teoria em prática, que faz com que o desejo de mudança se concretize em ações consistentes e alinhadas com seus objetivos.

Autoliderar-se significa definir seus próprios objetivos, planejar suas ações, manter-se motivado e ajustar suas estratégias conforme necessário. No processo de Kaizen, você é seu próprio líder e seguidor de si mesmo, agindo sempre em congruência com o que fala e pensa — em alinhamento com a sua verdade. Isso significa que você deve constantemente avaliar e ajustar seu progresso, garantindo que suas ações estejam em sintonia com seus princípios e objetivos.

Não se trata apenas de definir metas, mas de cultivar a disciplina para segui-las, a resiliência para superar obstáculos, e a flexibilidade para ajustar o curso quando necessário.

O autoconhecimento é o alicerce da autoliderança. Sem uma compreensão clara de quem você é, é difícil liderar a si mesmo de maneira eficaz. No Kaizen, o autoconhecimento permite que você identifique as áreas da sua vida que precisam de melhoria, bem como os hábitos e padrões de comportamento que podem estar impedindo seu progresso.

Ao praticar a autoliderança, você se torna mais consciente de seus pensamentos e comportamentos, permitindo-se fazer escolhas mais alinhadas com seus objetivos e valores. Você passa a liderar sua vida de forma proativa, em vez de reagir passivamente às circunstâncias. Isso é essencial no Kaizen, pois o processo de melhoria contínua exige que você esteja constantemente refletindo e ajustando suas ações para garantir que esteja no caminho certo, sempre otimizando e aproveitando ao máximo o tempo precioso.

Um dos aspectos mais poderosos da autoliderança é a capacidade de assumir total responsabilidade por sua vida. Isso significa reconhecer que você tem o controle sobre suas escolhas e, consequentemente, sobre os resultados que obtém. No Kaizen, esse senso de responsabilidade é fundamental. Cada pequena mudança que você decide implementar depende do seu comprometimento e dedicação. Não há espaço para culpar os outros ou as circunstâncias externas — a verdadeira transformação começa e termina com você.

Esse comprometimento com a autoliderança também envolve a persistência. No Kaizen, o progresso pode ser lento e os resultados nem sempre são imediatos, mas é a constância que leva à transformação. Ser líder de si mesmo mantém você focado em suas metas, mesmo quando os desafios surgem, lembrando-o de que cada pequeno passo conta.

Outro aspecto essencial da autoliderança é a adoção de um mindset de crescimento. Essa mentalidade, que acredita na capacidade de desenvolvimento e aprimoramento, é fundamental para a aplicação eficaz do Kaizen. Ao liderar a si mesmo, você adota uma atitude aberta para aprender com seus erros, ver os desafios como oportunidades de crescimento e acreditar que pode melhorar continuamente.

No Kaizen, a autoliderança permite que você mantenha uma perspectiva positiva e resiliente, essencial para continuar fazendo progressos, mesmo quando os resultados não são imediatamente visíveis. Você aprende a valorizar o processo tanto quanto o resultado, entendendo que cada passo, por menor que seja, está contribuindo para o seu avanço.

Meu maior aprendizado sobre liderança surgiu durante minha experiência no Rotary Clube. Liderar voluntários é, sem dúvida, um dos maiores desafios que já enfrentei. Ao contrário de muitas organizações, onde a remuneração é um fator motivador, no Rotary a motivação dos membros vem exclusivamente do desejo de ajudar o próximo. Ninguém está ali para ganhar financeiramente, e sim para contribuir com seu tempo, suas habilidades e, muitas vezes, com doações financeiras para causas nas quais acreditam profundamente.

O grande desafio em liderar uma equipe assim é fazer as coisas acontecerem por meio de pessoas que se dedicam simplesmente por acreditarem na causa. No Rotary, as pessoas são movidas pelo exemplo, pela inspiração que recebem e pela liderança carismática e comprometida que as motiva a continuar. Eu aprendi que, para manter o entusiasmo e a dedicação desses voluntários, era preciso liderar com autenticidade, mostrar compromisso real e inspirar através das minhas próprias ações.

Ao longo dos anos, vi de perto o impacto dessa abordagem e entendi que a liderança no Rotary exige muito mais do que coordenar tarefas; é sobre inspirar, motivar e unir pessoas em torno de uma visão comum. É sobre ser um líder que não apenas orienta, mas que também se envolve profundamente com os objetivos do grupo, agindo como um farol de inspiração.

Essa experiência foi ainda mais rica ao poder compartilhar o que aprendi com meu grande amigo Vinicius, que estava se preparando para assumir a presidência do Rotary Club. Em nossas conversas, Vinicius, um comerciante inteligente e dedicado, sempre me perguntava sobre como ele poderia alcançar uma liderança eficaz, baseada no bem-estar de todos os envolvidos.

Essas trocas me fizeram refletir sobre o que é essencial em um líder em qualquer outra área: a capacidade de inspirar confiança e respeito, de unir pessoas em torno de um propósito maior e de reconhecer e valorizar as contribuições de cada membro. No final, a liderança, tanto no Rotary quanto na vida, é uma jornada contínua de autoconhecimento, aprendizado e crescimento. E, acima de tudo, é sobre liderar a si mesmo antes de poder liderar outras pessoas. Sem essa base sólida de autoliderança, é impossível guiar os outros com integridade e verdadeira inspiração.

O AUTOCUIDADO SOBRE SUA LIDERANÇA

Em um mundo cada vez mais acelerado e exigente, a prática do autocuidado tornou-se indispensável para manter a saúde, a felicidade e a produtividade. Embora não o tenha listado como um dos pilares da autogestão, considero-o fundamental, pois é a base que sustenta todos os outros pilares. Sem cuidar de si mesmo, torna-se impossível manter a energia e o equilíbrio necessários para enfrentar desafios diários e alcançar a excelência.

O autocuidado não é um mero conceito da moda, mas uma necessidade vital para garantir que seus esforços a longo prazo não sejam prejudicados pelo esgotamento e pela frustração — fatores que podem facilmente afastá-lo de suas metas. Ao priorizar seu bem-estar, você fortalece sua capacidade de liderar com clareza, consistência e impacto.

A prática do Hara Hachi Bu nos ensina um princípio simples, mas profundo: "coma até estar 80% cheio". Originada da cultura de Okinawa, no Japão — uma das regiões com maior número de centenários do mundo —, essa filosofia transcende a alimentação e pode ser aplicada a diversos aspectos da vida, incluindo o autocuidado, a autogestão e até o desenvolvimento contínuo inspirado pelo Kaizen.

Essa prática reflete um respeito pelos limites do corpo e pela moderação como um caminho para a saúde e a longevidade. E, como descobri em conversas profundas com meu pai, essa abordagem também está diretamente ligada à sabedoria e à disciplina necessárias para liderar a si mesmo antes de liderar outros.

Meu pai sempre foi um homem muito sábio, um intelectual com vastos conhecimentos em diversas áreas e uma visão holística da vida e sempre foi uma fonte de inspiração para mim. Uma história antiga que guardo com ele ilustra bem a importância do autocuidado. Em uma tarde tranquila, enquanto eu fazia uma caminhada para espairecer, ele estava sentado em uma praça bastante arborizada, um lugar que sempre gostei de frequentar. Meu pai parecia introspectivo, mergulhado em pensamentos profundos. O autocuidado sempre foi uma realidade para mim, mas logo depois de formado e trabalhando muito, acabei me deixando de lado. Eu comecei a achar que não tinha mais tempo para praticar esportes, porque me tornara um profissional e precisava focar somente a carreira. Como eu poderia dedicar tempo a outras atividades, se meu foco precisava ser totalmente voltado em me tornar um engenheiro de respeito? A verdade é que o autocuidado começou a ficar em segundo plano.

Aproximando-me, meu pai levantou o olhar e me perguntou, com preocupação:

— Junior, você está bem?

Respondi, visivelmente cansado e esgotado:

— Estou exausto, pai. Sinto que não tenho mais energia para nada. Como você consegue manter esse pique e equilíbrio?

Ele sorriu com compreensão e começou a compartilhar sua sabedoria sobre autocuidado, algo que ele praticava rigorosamente ao longo da vida. Explicou que o equilíbrio vem dele — um processo contínuo e personalizado, onde cada pessoa precisa encontrar as práticas que melhor atendem às suas necessidades e integrá-las consistentemente na rotina diária.

Naquela época, meu pai também praticava artes marciais e seguia uma dieta chamada macrobiótica, que consistia em alimentos naturais e integrais. Foi aí que conheci o arroz integral pela primeira vez. Minha mãe sempre pedia à nossa cozinheira que preparasse os pratos de acordo com essa dieta, e, no fim das contas, todos nós acabávamos nos alimentando melhor por causa dele.

Meu pai continuou a compartilhar suas práticas diárias. Falou sobre a importância de uma alimentação balanceada, exercícios físicos regulares e sono de qualidade. Ele destacou que a alimentação é primordial, enfatizando uma dieta rica em frutas, vegetais, proteínas, carboidratos e gorduras saudáveis. Além disso, mencionou a importância de manter a mente ativa por meio da leitura e aprendizado contínuo, além de reservar tempo para a meditação, que ajuda a manter o equilíbrio mental e emocional.

Intrigado, eu quis saber mais:

— Pai, como você conseguiu incorporar essas práticas na sua rotina diária?

Ele respondeu com paciência, detalhando como era o seu dia a dia. Planejava suas refeições com antecedência, sempre optando por alimentos frescos e naturais, evitando os processados. Falou sobre a importância de fazer pequenas pausas durante o dia para exercícios rápidos e alongamentos, que ajudam a manter o corpo em movimento. De fato, eu sempre o via praticando alongamentos. Explicou também como criava um ambiente tranquilo para o sono, evitando eletrônicos antes de dormir e preferindo ler um livro ou meditar para relaxar. Todos os dias, ele dedicava quinze minutos à meditação.

Nosso diálogo se estendeu por um bom tempo, com ele compartilhando sua abordagem holística para a vida e a importância de manter conexões interpessoais. Ele dedicava tempo de qualidade à família e amigos, enfatizando que esses relacionamentos são fundamentais para o bem-estar emocional e oferecem um suporte valioso em tempos difíceis.

Enquanto eu absorvia suas palavras, percebi o quanto essas práticas simples e consistentes poderiam fazer uma diferença significativa na minha vida. Decidi, naquele momento, que iria integrar essas lições na minha rotina diária, comprometendo-me com pequenas melhorias constantes. Meu pai, com sua sabedoria e experiência, não apenas me inspirou naquele dia, mas também me mostrou que o autocuidado é um investimento valioso, capaz de trazer grandes transformações e uma vida mais plena e saudável.

Atualmente, costumo dizer aos meus seguidores nas redes sociais que o corpo humano é uma dádiva divina, um veículo extraordinário que nos permite explorar o vasto mundo ao nosso redor.

Tenho certeza de que você já está cansado de ouvir que alimentar-se de maneira consciente é fundamental. Mas não custa repetir: opte por alimentos naturais, frescos e minimamente processados. E não se esqueça de consumir muita água — ela é vital para o funcionamento do organismo. Também não fuja completamente do sol. A exposição solar moderada ajuda a obter vitamina D, essencial para a saúde óssea e o sistema imunológico.

Descobrir uma atividade física que você realmente goste e que se ajuste ao seu estilo de vida pode ser um verdadeiro divisor de águas. Pode ser ioga, musculação, dança ou caminhadas ao ar livre. O importante é incorporar o movimento à sua rotina diária. Naquela época, decidi continuar praticando o judô, e mais tarde, o karatê.

O sono também é fundamental. Crie um ritual antes de dormir, como ler um livro, meditar, ou tomar um banho quente. Evite comer demais antes de ir para a cama! Comprometa-se com pelo menos oito horas de sono de qualidade, e se tiver dificuldades para descansar profundamente, como insônia, consulte um especialista. Eu, por exemplo, costumo dormir com facilidade. Antes de me deitar, gosto de ouvir alguns podcasts ou webinars, mas sempre algo leve. Além disso, aproveito esse tempo para conversar com minha esposa e a chamo para namorar.

Evidentemente, a saúde mental é tão importante quanto a física. Ela é o alicerce sobre o qual construímos nossa capacidade de enfrentar adversidades, tomar decisões ponderadas e viver com propósito e alegria. Práticas de meditação e mindfulness são técnicas comprovadas que nos permitem aprimorar nossa concentração, atenuar o estresse e cultivar uma conexão profunda com o momento presente. Dedicar-se a essas práticas abre um espaço de tranquilidade em nosso dia.

Aqui vai uma dica prática: se você estiver em um dia muito agitado, cheio de preocupações, é natural que sua mente fique acelerada e você tenha dificuldades para dormir. Para conseguir repousar bem, é necessário mudar o foco. Seus pensamentos geram emoções, e se você focar em coisas positivas e alegres, automaticamente se sentirá mais leve. Portanto, antes de dormir, tente pensar em algo que o relaxe, em vez de focar os problemas. Deixe para pensar neles na manhã seguinte, quando sua mente estará muito mais descansada e eficiente.

Manter a mente ativa por meio da leitura e do aprendizado contínuo também é extremamente benéfico. Agora mesmo, enquanto você lê estas linhas, está exercitando seu cérebro. Usar sua "massa cinzenta" não apenas expande o conhecimento, mas também mantém a mente afiada e engajada. Em um mundo hiperconectado, é essencial desligar-se das telas periodicamente. Reservar um tempo longe de dispositivos eletrônicos pode ajudar a recarregar a mente e reduzir a sobrecarga de informações.

Lembro-me que meu pai sempre se concentrava muito na respiração, uma técnica bastante conhecida na ioga. Ele dizia que, ao respirar, era importante encher completamente os pulmões, inspirando e expirando lentamente. Um santo remédio!

Cuidar das emoções é outro ponto extremamente importante para manter um estado de equilíbrio e bem-estar. Isso envolve reconhecer e lidar com as emoções de maneira saudável. Encontrar maneiras de expressar seus sentimentos, seja por meio de conversas com amigos, escrita ou atividades criativas, pode ajudar a processar e liberar emoções acumuladas. E como andam suas conexões com outras pessoas? Ter um círculo ativo de amigos e familiares é fundamental para o bem-estar emocional. Essas relações fornecem suporte e uma rede de segurança em tempos de necessidade.

Praticar a gratidão diariamente pode transformar sua perspectiva e melhorar significativamente seu bem-estar emocional. Anote três coisas pelas quais você é grato a cada dia. Embora seja um exercício simples, é um hábito extremamente poderoso para se sentir realizado. A prática da gratidão diária muda nossa atitude perante a vida, fortalecendo nosso bem-estar espiritual e emocional.

Particularmente, sinto-me grato por poder levantar todos os dias e conquistar minhas metas. Estar bem física e mentalmente me permite criar novos objetivos para o futuro, e isso me motiva a manter o autocuidado.

A conexão espiritual, sobre a qual falaremos mais profundamente em um próximo capítulo, é uma faceta essencial da experiência humana. Ela serve como um pilar fundamental na busca por equilíbrio e paz interior. Práticas espirituais, como a oração, a meditação e a participação em comunidades de fé ou grupos de reflexão, oferecem caminhos valiosos para fortalecer sua espiritualidade.

No fim, o princípio do Kaizen aplica-se perfeitamente ao autocuidado. Em vez de tentar fazer mudanças drásticas e imediatas, comprometa-se a melhorar um pouco a cada dia, e quando menos perceber, terá obtido grandes resultados.

— Pai, essas práticas de autocuidado fazem muito sentido. Vou tentar integrá-las na minha rotina diária — afirmei, determinado a fazer a mudança.

— Isso é ótimo, Junior. O segredo é manter essas pequenas melhorias constantes. Continue fazendo ajustes e adaptando sua rotina conforme necessário. O importante é manter o progresso, não a perfeição — respondeu ele, me encorajando, assim como estou fazendo agora com você!

Primeiro, reconheço que encontrar tempo para o autocuidado pode ser um verdadeiro desafio quando as responsabilidades diárias parecem não ter fim. Mas você já tentou fazer pequenas pausas ao longo do dia? Garanto que elas podem fazer uma grande diferença. Um estudo publicado no *Journal of Occupational Health Psychology*,[6] concluiu que realizar pausas curtas ao longo do dia pode reduzir significativamente o estresse e aumentar a produtividade, melhorando a concentração. Experimente usar aqueles cinco minutos do cafezinho para meditar. Não precisa de um espaço especial ou de muito tempo; basta fechar os olhos e focar a respiração, seja no trabalho, em casa ou até no transporte público. Essas breves pausas para a meditação são um começo acessível e poderoso para melhorar sua saúde mental. Meu pai, como já mencionei, é a prova viva de que essa

---

6 MEYERS, L. In brief-Stressed? Step away from the screen. *Monitor on Psychology*, v. 38, n. 11, s. p., 1 dez. 2007. Disponível em: https://www.apa.org/monitor/dec07/stressed. Acesso em: 1 abr. 2025.

técnica funciona. Costumo chamar isso de "recarregar". Eu o observava e pensava que ele estivesse cochilando, mas, na verdade, ele estava se "recarregando".

Agora, quando o assunto é alimentação saudável, é comum pensar que custa caro. Mas, com um pouco de planejamento, é possível comer bem sem gastar muito. Uma dieta balanceada não precisa ser cara; incluir mais vegetais, grãos integrais e proteínas pode ser uma forma econômica de manter uma alimentação saudável.

Comprar alimentos sazonais e locais, por exemplo, pode reduzir significativamente os custos. Feiras livres e mercados locais geralmente oferecem produtos frescos a preços mais baixos do que os supermercados. Preparar refeições em casa não só é mais econômico, como também permite controlar os ingredientes, garantindo uma dieta mais nutritiva. Reduzir sal e açúcar faz maravilhas pelo seu organismo. Uma boa dica é cozinhar em maiores quantidades e congelar porções para dias mais corridos.

Incorporar atividade física à rotina pode parecer complicado, especialmente para quem tem horários apertados. No entanto, pequenas mudanças podem fazer uma grande diferença. Estudos mostram que até mesmo pequenas quantidades de exercício físico podem melhorar a saúde cardiovascular e mental.[7] Uma pesquisa publicada no *American Journal of Preventive Medicine* sugere que caminhadas curtas de apenas dez minutos podem ser tão benéficas quanto sessões mais longas de exercícios. Caminhar durante os intervalos de trabalho, optar pelas escadas em vez do elevador e fazer alongamentos rápidos ao longo do dia são estratégias eficazes, e acredite, elas realmente funcionam!

---

[7] SWOBODA, Peter. Como 2 horas de exercício físico por semana pode mudar sua vida. *BBC News Brasil*, 12 jan. 2025. Disponível em: https://www.bbc.com/portuguese/articles/cgl9l79rp34o. Acesso em: 22 mar. 2025.

AUTOLIDERANÇA É FAZER O QUE PRECISA SER FEITO, MESMO QUANDO O MUNDO LÁ FORA DESANIMA VOCÊ.

@junior.campos.prado
Kaizen para grandes conquistas

Depois daquela conversa com meu pai, fiz questão de reorganizar minha agenda para retomar os treinamentos. Quero que você saiba que o mais importante é a frequência, muito mais do que o tempo que se passa dentro de uma academia. Não adianta correr 22 quilômetros em um dia e depois passar dois meses longe da esteira. Muitos atletas de alto rendimento, por exemplo, estão agora apresentando sérios problemas nas articulações. A persistência e a rotina, ainda que por poucos minutos diários, são muito melhores para sua saúde. Melhor fazer dez minutos todos os dias do que setenta de uma vez só.

O autocuidado emocional também pode ser cultivado por meio de práticas simples e significativas. Manter um diário de gratidão, por exemplo, é uma maneira poderosa de focar os aspectos positivos da vida. Conectar-se com amigos e familiares, mesmo que seja por mensagens rápidas ou chamadas curtas, também é essencial. Esses pequenos gestos podem fortalecer laços, oferecer suporte emocional e criar uma rede de segurança para aqueles momentos em que você mais precisa.

Lembre-se, cuidar do seu físico e da sua mente é um investimento valioso, e mesmo pequenos passos podem levar a grandes transformações mais depressa do que você imagina. Cada iniciativa nessa direção, por menor que seja, representa um grande passo rumo a uma vida mais plena e saudável.

Pilar 3

O PODER DA AUTODISCIPLINA

Yuri, meu filho mais velho, tem hoje 33 anos. Depois de se formar em Publicidade e Marketing, ele decidiu expandir seus horizontes e também concluiu a faculdade de Tecnologia da Informação (TI). Mesmo com essas conquistas acadêmicas, Yuri enfrentou grandes desafios em sua vida profissional e pessoal. Ele teve dificuldades em estabelecer uma rotina disciplinada e administrar seu tempo de forma eficaz. A jornada de Yuri não só reflete as complexidades e obstáculos que muitos jovens profissionais enfrentam, mas também nos oferece lições valiosas sobre autodisciplina e gestão do tempo. Observando as experiências dele, aprendi muito sobre como a educação, a prática constante e a aplicação de estratégias podem transformar potencial em realizações concretas, abrindo caminho para um futuro mais equilibrado e bem-sucedido.

Acompanhar a jornada de crescimento do meu filho sempre foi fascinante. Ele era conhecido por seu dinamismo e entusiasmo, mas, apesar de todo esse potencial, parecia se perder no meio do caos das tarefas diárias. Um dia, durante uma conversa casual em um almoço, ele me confessou que estava exausto e estressado, incapaz de enxergar prioridades e gerir seu tempo de forma eficaz. A partir desse encontro, decidimos embarcar juntos em uma jornada para descobrir a importância da autodisciplina e da gestão do tempo, inspirados pela filosofia do Kaizen.

— Yuri, é bom te ver. Como você está, meu filho? — perguntei ao encontrá-lo no restaurante. Ele mora em São Paulo, a cerca de trezentos quilômetros de Jaú, onde resido, e, ao olhar para seu rosto, percebi sua expressão preocupada.

— Para ser honesto, estou estressado. Sinto que nunca tenho tempo suficiente e não consigo definir o que é prioridade. Minha vida está uma bagunça — ele respondeu, suspirando profundamente.

— Eu entendo, Yuri. A falta de tempo e a dificuldade em definir prioridades podem ser realmente frustrantes. Já pensou em trabalhar sua autodisciplina e tentar gerenciar melhor seu tempo?

— Já tentei várias coisas, mas nada parece funcionar. Você pode me ajudar? — ele perguntou, com um olhar cheio de esperança.

A autodisciplina é a virtude que sustenta nosso bem-estar e nossa evolução pessoal. Ela envolve todas as ações que tomamos para nos aprimorar e melhorar o mundo ao nosso redor. No começo, essas tarefas podem parecer desafiadoras ou desconfortáveis, mas com a prática constante, elas se tornam rotinas indispensáveis em nossa vida. Assim como as disciplinas escolares, como matemática ou biologia, que no início podem parecer difíceis, mas que nos ajudam a superar a barreira da ignorância, a autodisciplina também nos leva a uma compreensão mais profunda e enriquecedora.

— A disciplina é, sem dúvida, uma virtude fundamental — comecei a explicar. — Ela abrange todas as ações que fazemos para melhorar, tanto a nós mesmos quanto o mundo ao nosso redor. No começo, essas tarefas podem parecer difíceis, mas com a prática, elas se tornam rotinas que não conseguimos mais abandonar.

— Faz sentido, mas como colocar isso em prática? — Yuri perguntou.

— Pense nas matérias escolares. No início, elas são estranhas, mas com o tempo, nos ajudam a superar a ignorância. A verdadeira disciplina não é só fazer algo repetidamente, mas adquirir habilidades e realizar ações que têm valor e trazem significado.

— Então, autodisciplina é mais sobre persistir e fazer o que é certo, mesmo que seja difícil? — ele perguntou, tentando entender melhor.

— Exatamente. A verdadeira disciplina envolve ser gentil consigo mesmo e se empenhar em se tornar uma pessoa melhor, fortalecendo suas conexões com os outros.

Yuri começou a entender que gerenciar o tempo é essencial para alcançar seus objetivos, tanto pessoais quanto profissionais. Ele percebeu que priorizar tarefas é fundamental para se concentrar nas atividades mais importantes, aquelas que realmente contribuem para o sucesso de seus objetivos. Aprendeu que o planejamento envolve a definição de metas claras, o estabelecimento de prazos realistas e a organização de uma agenda para estruturar suas atividades diárias, semanais e mensais. A disciplina, por sua vez, é o alicerce da autogestão do tempo, exigindo que ele siga o plano estabelecido e resista às distrações para manter o foco nas tarefas programadas.

— Yuri, na autogestão, o tempo é um recurso fundamental. Priorizar tarefas é essencial, pois permite focar as atividades que realmente fazem a diferença — expliquei.

— E como eu faço isso? — ele perguntou, interessado.

— O planejamento é uma das peças-chave. Defina metas claras, estabeleça prazos realistas e organize uma agenda. Disciplina é crucial aqui; você precisa seguir o plano e resistir às distrações — respondi.

— Mas e se surgirem imprevistos? — Yuri questionou.

— Flexibilidade é igualmente importante. Esteja preparado para ajustar o cronograma quando necessário. Além disso, reserve tempo para o autocuidado e atividades de lazer. Avalie regularmente como está usando seu tempo e faça ajustes para garantir que você está sendo eficiente — aconselhei.

Para Yuri, técnicas de gestão do tempo, como a matriz de Eisenhower, a técnica Pomodoro e o método GTD (*Getting Things Done*), se mostraram extremamente úteis na organização e priorização das tarefas.

A Matriz de Eisenhower, em particular, é uma ferramenta

simples e poderosa para priorizar atividades. Ela divide as tarefas em quatro categorias:

1. **Urgente e importante:** tarefas que precisam ser feitas imediatamente.
2. **Importante, mas não urgente:** são tarefas que devem ser planejadas e podem ser agendadas para um momento mais adequado. Considero essa categoria a mais relevante, pois um bom planejamento reduz significativamente as urgências que acabam tomando nosso tempo e desorganizando nosso dia a dia.
3. **Urgente, mas não importante:** tarefas que podem ser delegadas a outras pessoas.
4. **Nem urgente, nem importante:** tarefas que podem ser eliminadas ou adiadas indefinidamente.

— Vamos usar a matriz de Eisenhower para avaliar suas atividades diárias. Você verá que muitas tarefas podem ser delegadas ou eliminadas, liberando mais tempo para você focar o que realmente importa — sugeri.

Meu filho começou a aplicar essa matriz e logo percebeu que muito do que fazia se encaixava na categoria "Urgente, mas não importante" — e todas aquelas tarefas poderiam ser delegadas. Isso liberou mais tempo para ele se concentrar naquilo que realmente fazia a diferença.

A técnica Pomodoro, desenvolvida por Francesco Cirillo, foi outra ferramenta eficaz que Yuri adotou em sua rotina. Essa técnica envolve trabalhar em intervalos de 25 minutos, chamados "pomodoros", seguidos de uma curta pausa de cinco minutos. Após quatro pomodoros, faz-se uma pausa mais longa, de quinze a trinta minutos. Esse método ajuda a manter o foco e a energia ao longo do dia, evitando a fadiga mental e permitindo que Yuri se mantenha produtivo sem se sentir sobrecarregado.

Além disso, Yuri se beneficiou muito do método GTD, criado por David Allen. Essa abordagem abrangente para a gestão do tempo e produtividade segue cinco etapas principais:

1. **Capturar:** recolher tudo que requer sua atenção.
2. **Esclarecer:** processar o que cada item significa e o que deve ser feito com ele.
3. **Organizar:** colocar cada item no lugar correto.
4. **Refletir:** revisar frequentemente suas listas e prioridades.
5. **Engajar:** executar as tarefas conforme decidido.

Para Yuri, o GTD foi revolucionário. Ele começou a anotar todas as suas ideias, tarefas e compromissos em uma lista centralizada, esclarecendo o que precisava ser feito e organizando tudo de acordo com suas prioridades. Essa mudança reduziu significativamente seu estresse e aumentou sua eficiência, proporcionando uma sensação de controle e clareza que ele não havia experimentado antes.

O tempo, essa dimensão contínua que regula nossa existência, é mais do que apenas a passagem dos segundos; é o tecido sobre o qual bordamos as experiências que definem nossa jornada pessoal, organizacional e social. Cada momento é uma parcela irreversível da nossa existência, e desperdiçar tempo é como desperdiçar a própria vida. Viver sem consciência ou comando sobre nossas ações é permitir que a vida nos leve sem direção.

A gestão consciente do tempo não é apenas uma maneira de evitar arrependimentos no futuro; é sobre construir, no presente, a vida que desejamos. No entanto, nossa relação com o tempo é frequentemente desafiada por diversas barreiras. Existem as organizacionais, como má comunicação, burocracia e falta de metas claras; as pessoais, como indecisão, insegurança, perfeccionismo e procrastinação; e as sociais, que incluem fatores externos como trânsito e filas. Além disso, há as barreiras situacionais, que surgem de imprevistos e testam nossa capacidade de adaptação e controle sobre nossas vidas.

Refletir sobre o tempo também nos leva a considerar sua dimensão espiritual e existencial. Passagens como Salmos 90:1-6, que diz:

> Senhor, tu tens sido o nosso refúgio, de geração em geração. Antes que os montes nascessem, ou que tu formasses a terra e o mundo, mesmo de eternidade a eternidade, tu és Deus. Tu reduzes o homem *à destruição;* e dizes: Tornai-vos, filhos dos homens. Porque mil anos são aos teus olhos como o dia de ontem que passou, e como a vigília da noite. Tu os levas como uma corrente de água; são como um sono; de manhã são como a erva que cresce. De madrugada floresce e cresce; à tarde corta-se e seca.

E Provérbios 16:3, que nos orienta: "Confia ao Senhor as tuas obras, e os teus pensamentos serão estabelecidos". Essas duas passagens nos convidam a contemplar nossa finitude e a buscar um alinhamento entre nossas ações e um propósito maior.

Essas perspectivas nos lembram que a gestão eficiente do tempo não é apenas sobre produtividade, mas sobre encontrar significado e satisfação em nossas vidas.

Quando cheguei em Tóquio, fui imediatamente impactado pela disciplina rigorosa que permeia o cotidiano japonês, especialmente no que diz respeito à pontualidade. E é exatamente sobre isso que quero falar com você, pois essa experiência me trouxe uma lição valiosa sobre autodisciplina.

Imagine a cena: cheguei ao aeroporto e comprei antecipadamente um bilhete de ônibus para as 16h30, rumo ao hotel. Para garantir que nada desse errado, cheguei ao ponto de partida às 16h15, adiantado e preparado. Lá, fui recebido por um funcionário extremamente cortês, que me deu as boas-vindas.

Mas, com a mesma cordialidade, ele me informou que ainda eram 16h15 e que eu precisaria voltar mais tarde, pois o horário de embarque ainda não havia chegado.

Voltei exatamente doze minutos depois, às 16h27, e fui autorizado a embarcar. E, sem surpresa, o ônibus partiu pontualmente às 16h30. Essa precisão me deixou impressionado, e eu percebi como a pontualidade é um reflexo direto da autodisciplina. Antes, eu pensava que ser pontual significava apenas chegar cedo, mas aprendi que pontualidade é, na verdade, chegar na hora certa.

Quero compartilhar essa lição com você: respeitar o tempo dos outros e ser pontual não é apenas uma questão de boa educação, mas também uma poderosa ferramenta de organização e eficiência. Quando você adota a pontualidade como um princípio, está praticando autodisciplina em um dos seus aspectos mais simples e, ao mesmo tempo, mais transformadores.

Leve essa experiência com você, e acredite, ao aplicar essa prática no seu dia a dia, verá como ela pode melhorar a sua gestão do tempo e produtividade. A pontualidade não é apenas um hábito; é uma forma de viver com mais respeito, eficiência e disciplina.

Na prática, meu filho aprendeu a priorizar suas tarefas diárias e a entender como a autodisciplina e a gestão do tempo são essenciais. Yuri, agora mais consciente de suas prioridades e disciplinado em suas ações, encontrou um novo equilíbrio, navegando com confiança e propósito em direção aos seus objetivos. Espero que a partir de agora você se sinta ainda inspirado em sua jornada pela melhoria contínua!

KAIZEN NO DOJO: LIÇÕES DAS ARTES MARCIAIS PARA A VIDA

Como relatei anteriormente, desde muito cedo pratico artes marciais, e mesmo hoje, já maduro, continuo a me aprimorar.

Comecei em 1970 com o judô, e ao longo do tempo, aprendi não apenas as suas técnicas, mas também lições valiosas de autoconhecimento e liderança pessoal. A prática constante me ensinou a comandar minhas ações e a controlar as emoções, além de cuidar do meu corpo, mente e espírito. Esse desenvolvimento integral foi guiado por quinze conceitos-chave que se tornaram alicerces fundamentais em minha vida:

1. **Disciplina:** fundamental para o treinamento sistemático e o desenvolvimento de habilidades. A disciplina envolve seguir regras e rotinas, manter consistência e demonstrar autocontrole. Na prática, significa transformar o que hoje é desconfortável e fora do comum em algo normal e necessário no seu dia a dia, por meio da persistência.
2. **Concentração:** essencial para focar a mente em uma tarefa ou objetivo, permitindo a execução precisa das técnicas e a manutenção da atenção durante os combates.
3. **Humildade:** valorizada como uma forma de reconhecer limites, aprender com os outros e evitar a arrogância. A humildade é a chave para um aprendizado contínuo.
4. **Foco:** direcionar toda a atenção e energia para uma atividade específica é crucial para aprimorar técnicas e alcançar metas de longo prazo.
5. **Determinação:** a firmeza de propósito e a persistência são essenciais para superar desafios e buscar a excelência.
6. **Respeito ao próximo:** trata-se de considerar e valorizar colegas de treino, adversários e instrutores, criando um ambiente de aprendizado positivo.
7. **Respeito ao superior e ao mais velho:** honrar aqueles com mais experiência é uma forma de reconhecer sua sabedoria e contribuições para a arte.

8. **Paciência:** aprender e aprimorar técnicas exige tempo e paciência.
9. **Perseverança:** a capacidade de continuar treinando, mesmo diante de desafios, é fundamental para o crescimento.
10. **Autocontrole:** manter a calma e a compostura é crucial, tanto física quanto emocionalmente.
11. **Integridade:** agir com honestidade e honra dentro e fora do dojo é vital para a credibilidade e o respeito.
12. **Coragem:** enfrentar medos e desafios com bravura é indispensável.
13. **Flexibilidade:** adaptar-se a diferentes situações e oponentes é crucial para responder eficazmente aos desafios que aparecem na sua jornada.
14. **Equilíbrio:** manter a estabilidade emocional e física é essencial para uma vida harmoniosa.
15. **Resiliência:** a capacidade de se recuperar rapidamente de dificuldades é o que nos faz continuar aprendendo e crescendo a cada desafio superado.

Esses princípios não apenas moldaram minha trajetória nas artes marciais, como influenciam todas as áreas da minha vida, desde minha carreira profissional até meus relacionamentos pessoais. A prática do judô me proporcionou uma base sólida para enfrentar os desafios com serenidade e eficácia, transformando cada obstáculo em uma oportunidade de crescimento.

Depois de muitos anos dedicados ao judô e alcançando o grau de faixa preta, senti a necessidade de explorar novos horizontes. Em janeiro de 2013, aos 48 anos, iniciei minha jornada no karatê sob a orientação do renomado Sensei Mario Panucci, na academia Dojo Wado, de Jaú. Com disciplina e persistência, fui reconhecido como faixa preta no final de 2017. Em 2022, com orgulho, alcancei o nível de faixa preta terceiro grau em karatê.

Essa jornada contínua, ao lado de um mestre tão experiente, não apenas aprimorou as minhas técnicas no tatame, mas também enriqueceu meu espírito. Até hoje, cada treino é uma nova oportunidade de crescimento e autoconhecimento.

Ao longo da minha trajetória no esporte, muitos momentos de troca de experiências foram essenciais para o meu crescimento. Um deles foi uma conversa significativa que tive com o Sensei Mario Panucci, que destacou a importância de conceitos fundamentais como disciplina e humildade, e como eles se entrelaçam com a filosofia do Kaizen. Durante essa troca, falamos sobre o papel crucial da disciplina. O Sensei Mario explicou que o comprometimento é a base de tudo:

— Sem disciplina, não conseguimos manter a consistência nos treinos nem o autocontrole necessário para progredir.

Eu concordei e acrescentei que a concentração é igualmente vital, especialmente para enfrentar os desafios do dia a dia. Sensei Mario enfatizou:

— A concentração nos permite executar técnicas com precisão e evitar distrações, algo que só se desenvolve com prática contínua.

Abordamos também a humildade. Para mim, ser modesto e respeitoso nos ajuda a reconhecer nossos limites e a aprender com os outros. Sensei Mario concordou:

— A humildade nos mantém abertos ao aprendizado contínuo e evita a arrogância. Ela é fundamental para construir um ambiente de respeito mútuo no dojo.

Outro ponto foi a importância do foco e da determinação.

— O foco nos mantém no caminho certo, enquanto a determinação nos faz continuar, mesmo diante das dificuldades — ele disse.

Reforçamos também o valor do respeito, tanto pelo próximo quanto pelos superiores, como uma forma de honrar a sabedoria e a experiência dos que vieram antes de nós.

DISCIPLINA
NÃO É RIGIDEZ.
É COMPROMISSO
COM AQUILO QUE
VOCÊ ACREDITA
E ESCOLHEU
CONSTRUIR.

@junior.campos.prado
Kaizen para grandes conquistas

Discutimos ainda sobre paciência, perseverança, autocontrole, integridade, coragem, flexibilidade, equilíbrio e resiliência — todas qualidades fundamentais que, segundo Sensei Mario, não só nos fazem melhores praticantes de artes marciais, mas melhores seres humanos.

Minha viagem ao Japão foi um momento de profunda validação dessa conversa que tivemos. Naquele país, pude ver de perto como uma sociedade inteira pode prosperar quando esses valores são praticados em escala comunitária. A experiência reforçou minha crença no poder das artes marciais como uma ferramenta de educação e desenvolvimento humano, destacando a importância de cultivar esses ensinamentos não apenas individualmente, mas como uma prática coletiva.

Por meio das artes marciais, aprendi que a verdadeira força vem de dentro e que o maior adversário que enfrentamos é frequentemente nós mesmos. Essa jornada não é apenas sobre aprender a lutar; é sobre aprender a viver uma vida guiada por princípios éticos e morais, promovendo a paz interior e a harmonia com os outros. No fim, o judô e o karatê não me ensinaram apenas como defender-me; mas também como ser uma pessoa melhor em todos os aspectos da vida.

Pilar 4

O PODER DA RESPONSABILIDADE

Responsabilidade é um valor que transforma. Assumir o comprometimento pleno por nossas ações, decisões e até por nossos erros é o que nos diferencia como líderes, profissionais e indivíduos engajados com a excelência. Ao longo de minha trajetória, percebi que ser responsável é muito mais do que responder pelas consequências de nossos atos; é um compromisso profundo com o crescimento pessoal, com a busca constante pela melhoria, e com o impacto que causamos no mundo ao nosso redor. Para mim, responsabilidade, autogestão e a filosofia Kaizen se entrelaçam de forma essencial, criando uma base sólida para o desenvolvimento e para a realização do nosso propósito de vida.

Durante minha carreira, tanto na construção civil quanto na educação e em iniciativas comunitárias, compreendi que a verdadeira responsabilidade começa dentro de nós. Já vimos que, antes de liderar uma equipe, uma empresa ou uma comunidade, é necessário ser capaz de liderar a si mesmo — e isso é impossível sem o pilar da responsabilidade. A autogestão é o que nos permite manter o controle sobre nossas ações, focar os objetivos e priorizar as tarefas que realmente importam. No entanto, se não respondemos pelas nossas ações (e suas consequências), a autogestão perde seu sentido.

Em 2009, no cargo de Secretário Municipal de Educação de Jaú, encarei a responsabilidade de representar e apoiar toda a comunidade escolar. Sabia que cada decisão impactaria alunos, professores e famílias. Era um papel desafiador, que exigia não apenas habilidades técnicas, mas também um comprometimento real em servir ao próximo e contribuir para o desenvolvimento de uma educação de qualidade. Durante esse período, foi justamente a responsabilidade que guiou cada uma das minhas escolhas. Eu sabia que não poderia deixar a política ou pressões externas interferirem nos valores e no foco que eu queria para a educação da cidade.

Assumir esse compromisso significava aceitar que, se algo não saísse como planejado, a culpa não seria dos outros — seria minha. Que exercício de autogestão! Precisei monitorar minhas próprias ações, emoções e reações constantemente, garantindo que estivessem alinhadas com o propósito maior de promover um impacto positivo.

A filosofia Kaizen complementa perfeitamente esse pilar, já que nos ensina que não precisamos fazer tudo de uma vez, mas podemos melhorar a cada dia, em pequenos passos. Aplicar o Kaizen no dia a dia significa que estamos comprometidos em nos tornar melhores, em superar nossas limitações e em corrigir nossas falhas. Responsabilidade, nesse contexto, é aceitar que não somos vítimas das circunstâncias, e sim agentes ativos de nossa própria evolução.

Responsabilidade também é essencial quando falamos de autogestão financeira. Ao longo da minha carreira, como engenheiro e fundador da Construtora Campos Prado, da Empresa Prosart e do Instituto Kaizen de Empreendedorismo e Autogestão, percebi que muitos empreendedores enfrentam dificuldades. Não por falta de conhecimento técnico, mas por falta de controle sobre suas próprias finanças. A responsabilidade financeira é uma habilidade que considero fundamental, pois o sucesso de um negócio ou projeto depende de finanças equilibradas, algo conquistado por meio de uma gestão disciplinada e consistente.

No meu caso, assumir a responsabilidade significava controlar os gastos, planejar os investimentos e, principalmente, ser honesto comigo mesmo sobre as prioridades e o futuro. Isso não foi algo que aprendi da noite para o dia. Foi necessária uma prática contínua, reforçada pelo Kaizen. Em vez de tentar resolver tudo de uma vez, implementei pequenas melhorias: comecei com uma planilha simples para registrar entradas e saídas, depois passei a fazer revisões mensais, e hoje tenho um controle mais robusto, que me dá uma visão clara da saúde financeira de cada empreendimento. Esse compromisso não apenas preservou a estabilidade dos meus negócios, como me deu a tranquilidade para tomar decisões importantes.

Outra área na qual sempre fiz questão de atuar com grande responsabilidade é o meu trabalho junto à comunidade. Além da minha trajetória no Rotary Club, também servi como Venerável Mestre na Maçonaria entre 2009 e 2010. Essas experiências me proporcionaram a oportunidade de contribuir ativamente para projetos de impacto social, fortalecendo meu compromisso com o serviço ao próximo.

Esse comprometimento e dedicação resultaram na minha eleição como Governador do Rotary do Distrito 4480, um desafio que abraço com entusiasmo e um profundo senso de missão.

O serviço comunitário é, para mim, uma expressão direta de responsabilidade social. Cada projeto, cada iniciativa, exige um compromisso real com o bem-estar dos outros.

Como presidente do Rotary, me comprometi a liderar projetos que realmente trouxessem benefícios para a comunidade. Eu sabia que, ao aceitar esse cargo, precisaria dedicar meu tempo e meus esforços para melhorar a vida das pessoas ao meu redor. Era uma responsabilidade que ia além de qualquer título; era um chamado para fazer a diferença. Novamente, o Kaizen foi uma filosofia que me ajudou a manter o foco e a persistência: um projeto comunitário não se torna impactante da noite para o dia, mas com cada ação, cada reunião e cada passo.

A responsabilidade também envolve o compromisso de conhecer a si mesmo. Durante minhas interações com alunos e profissionais, percebi que muitos se sentem perdidos ou sem direção, porque não se dedicam a entender quem realmente são e o que querem. Como mentor e professor, sempre os incentivei a se aprofundarem no autoconhecimento antes de tentarem liderar qualquer projeto ou equipe.

Precisamos ser honestos sobre nossos pontos fortes e fracos, sobre o que realmente nos motiva e o que nos limita. Quando decidi escrever meus livros, por exemplo, tive que superar o medo inicial e aceitar que eu começaria sem muita maestria, mas poderia evoluir. Assim nasceu a Trilogia da Construção e outras obras que compartilham minha experiência com aqueles que buscam crescer do ponto de vista pessoal e profissionalmente. Cada livro que escrevi é um reflexo do compromisso em compartilhar o que aprendi e contribuir para o desenvolvimento de outras pessoas.

Esse pilar também é a chave para a resiliência. Saber que somos responsáveis por nossas ações e que, independentemente do que aconteça, temos o poder de corrigir e melhorar nos torna mais fortes. Em minha trajetória, enfrentei inúmeros desafios e momentos de dificuldade. Em todos eles, foi o compromisso com a responsabilidade que me ajudou a seguir em frente, a encontrar soluções e a transformar cada dificuldade em uma oportunidade para me tornar um pouco melhor.

A filosofia Kaizen reforça essa resiliência, pois ensina que cada pequeno esforço conta. Afinal, o progresso é construído com persistência e paciência. Quando enfrentamos uma dificuldade, em vez de desistir, subimos degraus rumo à solução.

Por fim, é importante observar como o Kaizen nos mostra que a responsabilidade não precisa ser um fardo, e sim uma oportunidade de alcançar a excelência. Ao ativar diariamente a sua vontade de melhorar, ainda que em pequenas doses, é impossível permanecer no mesmo lugar. E sabe qual é a melhor parte? Ao olhar para trás, você sentirá orgulho por ter se tornado o responsável por cada conquista em seu caminho.

FLEXIBILIDADE

Ter flexibilidade faz parte do quarto pilar. Decidir com responsabilidade a capacidade de se adaptar a novos desafios e mudanças inesperadas é crucial para uma vida equilibrada e bem-sucedida. Ter flexibilidade é uma decisão que nos permite manter uma atitude positiva e estar abertos a novas experiências e aprendizados.

Ao longo da minha carreira, percebi que meu perfil é generalista. Eu gosto de ter uma visão ampla de tudo e delegar tarefas específicas a pessoas especializadas. Isso não só facilita a execução dos meus projetos de engenharia, por exemplo, como permite ajustar minhas estratégias em outras áreas da vida conforme necessário, garantindo que estarei sempre avançando, mesmo quando surgirem obstáculos imprevistos.

Ser flexível também significa estar disposto a mudar de direção quando necessário, seja para aproveitar uma nova oportunidade ou para superar um desafio. É essa flexibilidade que nos mantém resilientes e prontos para crescer, não importa o que a vida nos traga.

Simone Biles, uma das maiores ginastas de todos os tempos e vencedora de várias medalhas olímpicas, exemplifica a capacidade de adaptação e flexibilidade. Durante as Olimpíadas de Tóquio 2021, por exemplo, a atleta enfrentou desafios mentais significativos, que a impediram de competir em algumas provas. No entanto, sua habilidade de se adaptar às circunstâncias e cuidar de sua saúde mental demonstrou uma enorme força. Biles conseguiu retornar e competir em outras provas, mostrando que a flexibilidade e a capacidade de adaptação são cruciais para o sucesso e bem-estar. Não por acaso, ela novamente se tornou uma sensação nos Jogos Olímpicos de Paris, em 2024.[8]

No meu escritório de engenharia, realizo reuniões e uso um

---

[8] KLEIN, Thomas. Simone Biles: a dramática história de um ícone do esporte. DW, 04 ago. 2024. Disponível em: https://www.dw.com/pt-br/simone-biles-a-dramatica-historia-de-um-icone-do-esporte/a-69841815. Acesso em: 23 mar. 2025.

quadro para anotar o progresso de todos os projetos. Quando falo em delegar, não significa abandonar as tarefas; é preciso acompanhar e cobrar resultados. Tento motivar as pessoas e proporcionar um ambiente onde elas possam fazer o que sabem e amam. Como presidente no Rotary Club da minha cidade, por exemplo, busco motivar todos os membros a se engajarem nos projetos e eventos. Recentemente, ao organizar um evento comunitário, precisei mobilizar diferentes talentos e habilidades dos voluntários. Alguns eram bons em organização, outros tinham contatos importantes na comunidade, e outros eram ótimos em divulgação e promoção. Consegui delegar essas funções de acordo com as habilidades de cada um, garantindo que todos estivessem motivados e o evento fosse um sucesso.

No próximo capítulo, vou aprofundar nossa conversa sobre o pilar da autoavaliação, que considero um dos elementos mais fundamentais no processo de autogestão e para nossa melhoria constante, além de ser um aliado poderoso na hora de aplicarmos o pilar de responsabilidade em nossa vida, já que nos ajuda a perceber se precisamos adotar a flexibilidade e ajustarmos nossa rota para a realização de nosso propósito.

ASSUMIR RESPONSABILIDADE É SAIR DO PAPEL DE VÍTIMA E SE TORNAR O AUTOR DA PRÓPRIA HISTÓRIA.

@junior.campos.prado
Kaizen para grandes conquistas

Aprender a desviar e deixar fluir

Na vida, assim como nas artes marciais, o verdadeiro segredo não está apenas na força, mas na habilidade de desviar e fluir com as circunstâncias. A disciplina e a determinação são fundamentais, nos ajudando a viver com clareza e propósito. A prática constante e a persistência são os caminhos para alcançar o sucesso, não apenas no dojo, mas em todos os aspectos da vida.

A disciplina nas artes marciais vai além do treinamento físico; envolve o desenvolvimento do caráter, o fortalecimento da mente e o cultivo da resiliência. A jornada nas artes marciais se transforma em um caminho de autoconhecimento, autocontrole, realização pessoal e melhoria contínua — ou Kaizen.

No contexto das artes marciais, o termo **inasu** é uma expressão japonesa que pode ser traduzida como "desviar" ou "desviar suavemente". É uma técnica que envolve evitar um ataque sem bloqueá-lo diretamente, usando o mínimo de energia para redirecionar a força do oponente. Essa abordagem é comum nas lutas, onde o objetivo é neutralizar o ataque de maneira eficaz, minimizando o confronto direto e utilizando a energia do atacante contra ele próprio.

Levamos essa filosofia para a vida cotidiana ao lidar com as nossas emoções. Saber desviar significa ter consciência das emoções que estamos sentindo e, se necessário, saber lidar com elas e superá-las. Quando as emoções são benéficas, podemos deixá-las fluir, aproveitando sua influência positiva.

Imagine-se em uma situação de conflito no trabalho. Em vez de reagir impulsivamente, você pode aplicar o conceito de inasu e desviar da negatividade, mantendo a calma e redirecionando a situação para uma solução construtiva. Isso não só resolve o conflito de maneira eficaz, mas também fortalece suas habilidades de resolução de problemas e resiliência emocional.

O **nagasu** é outro termo japonês utilizado nas artes marciais que significa "fluir" ou "deixar fluir". Refere-se à técnica de se mover junto com a força do ataque do oponente, em vez de resistir a ele. Ao "fluir" com o ataque, o praticante pode redirecionar a energia do oponente e usar essa força a seu favor. Esse conceito é fundamental, pois enfatiza o uso da energia do oponente para controlar ou neutralizar a situação.

Na vida cotidiana, aplicamos o nagasu ao aproveitar o que o dia nos apresenta, aumentando nosso potencial com um mínimo de esforço, pois a natureza estará sempre nos ajudando. Saber fluir com os acontecimentos, adaptando-nos e utilizando a energia ao nosso redor, nos permite viver de forma mais harmoniosa e eficiente, enfrentando os desafios com sabedoria e serenidade.

Em uma situação em que você enfrenta mudanças inesperadas, como uma alteração nos planos de um projeto, em vez de resistir à mudança e se sentir frustrado, você pode adotar o nagasu. Ao fluir com a nova situação, você pode encontrar oportunidades escondidas, novas perspectivas e soluções criativas que talvez não fossem possíveis se você resistisse à mudança.

Aprender a desviar e deixar fluir são habilidades essenciais não apenas nas artes marciais, mas também na vida. Elas nos ensinam a ser adaptáveis, resilientes e eficientes em como utilizamos nossa energia. Seja enfrentando desafios emocionais, profissionais ou pessoais, essas técnicas nos permitem navegar pelas complexidades da vida com graça e eficácia, transformando obstáculos em oportunidades de crescimento e desenvolvimento pessoal.

Pilar 5

O PODER DA AUTOAVALIAÇÃO

Imagine que você está navegando em um vasto oceano, com um destino claro em mente. Sua jornada é longa e cheia de desafios. Agora, pense que você tem um mapa, mas nunca reserva um tempo para conferir se está realmente seguindo a rota certa. O que pode acontecer? Talvez você se desvie do caminho e acabe em águas desconhecidas, longe do seu objetivo. É nesse ponto que a autoavaliação se torna crucial no contexto do Kaizen.

Se você perceber que está na rota errada, pode ser tarde demais para corrigir o curso. Pequenos ajustes constantes, feitos ao longo do tempo, podem levar a grandes resultados, e é a autoavaliação que garante que estamos sempre navegando na direção correta. Mas o que realmente significa se autoavaliar de acordo com o Kaizen? E por que isso é tão importante?

Autoavaliação é o processo de olhar para si mesmo — suas ações, comportamentos e resultados — com o objetivo de entender onde você está e onde pode melhorar. No contexto do Kaizen, isso significa fazer pequenas melhorias regularmente, em vez de esperar por grandes crises ou erros para realizar mudanças drásticas.

Como engenheiro, eu sei que qualquer projeto bem-sucedido envolve três passos fundamentais: planejamento, programação e controle. Durante o planejamento, determinamos como a obra será realizada, desde o desenvolvimento do projeto até a identificação dos recursos que serão necessários e quais serão os custos envolvidos.

Na programação, organizamos as tarefas de maneira que o projeto siga um cronograma eficiente. E, por fim, o controle envolve o monitoramento constante para garantir que estamos dentro do custo previsto, respeitando o prazo e mantendo a qualidade desejada. Assim como esses três passos são essenciais na engenharia, na vida também precisamos de uma abordagem estruturada para garantir que nossos esforços estejam alinhados com nossos objetivos.

Além disso, não posso me preocupar apenas com o custo e o prazo de uma obra se isso significa comprometer a qualidade. Não adianta correr com o trabalho para entregar no prazo e acabar com uma obra malfeita. Da mesma forma, não posso manter um custo baixo em detrimento da qualidade do projeto. Assim como na engenharia, onde custo, prazo e qualidade precisam estar em equilíbrio, na vida isso também deve acontecer. Não adianta focar apenas um aspecto e negligenciar os outros, concorda?

Da mesma maneira, imagine que você está tentando perder peso. Em vez de esperar até que um problema de saúde surja para fazer uma mudança radical na sua dieta ou rotina de exercícios, a autoavaliação constante permite que você faça pequenas adaptações ao longo do caminho. Talvez você perceba que pode melhorar a qualidade das suas refeições ou aumentar gradualmente a intensidade dos seus exercícios. Esses pequenos ajustes, guiados pela autoavaliação, garantem que você esteja sempre no caminho certo em direção ao seu objetivo de saúde.

A prática regular de autoavaliação é como ajustar as velas de um barco durante a navegação — ela permite que você corrija a rota ao longo da jornada, evitando grandes desvios que podem levar a problemas maiores no futuro. Afinal, nem tudo que foi calculado antes do início da viagem acontecerá de fato. Agora, imagine se todos os dias você reservasse um tempo para refletir sobre o seu desempenho, suas decisões e seus comportamentos. Com certeza, você identificaria pequenos desvios que poderiam ser corrigidos imediatamente, prevenindo desafios muito mais complicados lá na frente.

Para realizar uma autoavaliação eficaz, é importante seguir alguns passos simples:

1. **Estabeleça objetivos claros:** defina o que você deseja avaliar e os objetivos específicos que pretende alcançar com essa autoavaliação. Isso pode incluir aspectos profissionais, como habilidades e desempenho no trabalho, ou áreas pessoais, como saúde e relacionamentos.
2. **Colete dados e feedback:** reúna informações relevantes sobre seu desempenho. Isso pode incluir comentários de colegas, superiores, amigos ou familiares, bem como dados concretos, como resultados de projetos ou metas alcançadas. Você pode fazer isso de modo natural e espontâneo, prestando atenção em como as pessoas com quem você convive se manifestam ou reagem a seu respeito, sem precisar ser chato ou ficar perguntando.
3. **Análise:** depois de coletar esses dados, reserve um tempo para refletir sobre eles. Identifique padrões, pontos fortes e áreas que precisam de melhoria. Considere também os fatores que podem ter influenciado seu desempenho, como os recursos disponíveis e o contexto em que você estava inserido.
4. **Elabore planos de ação para abordar as áreas que precisam de atenção:** estabeleça metas específicas, mensuráveis, alcançáveis, relevantes e com prazo determinado (o famoso método SMART) para guiar seu desenvolvimento.
5. **Monitoramento e revisão:** não se esqueça de monitorar e revisar regularmente seus planos de ação, fazendo ajustes conforme necessário. A autoavaliação é um processo contínuo — não se trata de ser um juiz severo de si mesmo, mas sim de ser sincero e gentil ao identificar onde você pode melhorar, sempre com a intenção de se tornar uma versão melhor de quem você já é.

E lembre-se: "melhor feito do que perfeito", desde que seja bem-feito. O que realmente importa é a intenção de fazer o seu melhor. Não adianta ter todo o conhecimento se você não o coloca em prática no seu dia a dia. Por exemplo, usar esse conhecimento para ajudar outras pessoas é uma maneira poderosa de crescer e obter reconhecimento. É por meio da ação que você concretiza seu aprendizado e deixa uma marca positiva no mundo ao seu redor.

Tenho minha própria rotina de autoavaliação, algo que se tornou essencial no meu dia a dia. Todas as noites, antes de dormir, dedico alguns minutos para refletir sobre minhas ações e decisões. Tenho um diário onde registro minhas respostas para três perguntas fundamentais:

- O que fiz bem hoje?
- O que posso melhorar?
- Quais são as ações que vou tomar amanhã?

Esse processo simples, mas poderoso, me ajuda a manter o foco nas minhas metas e a fazer pequenos ajustes ao longo da semana. Por exemplo, recentemente percebi que estava procrastinando em relação a tarefas administrativas, que considero menos interessantes. Ao reconhecer isso, decidi dedicar a primeira hora do meu dia a essas tarefas, quando minha energia está no auge. Essa pequena mudança aumentou significativamente minha produtividade e me deixou mais satisfeito com meu dia de trabalho.

A autoavaliação, no entanto, não se limita apenas ao ambiente de trabalho. Ela pode e deve ser aplicada em todas as áreas da sua vida. Se você está tentando melhorar sua saúde, por exemplo, a autoavaliação diária pode ajudá-lo a identificar padrões alimentares prejudiciais ou a falta de atividade física. Ela também pode ser extremamente útil em relacionamentos, ajudando você a perceber como suas ações afetam as pessoas ao seu redor e a fazer os ajustes necessários para melhorar essas interações.

Recentemente, decidi me dedicar ao estudo do inglês, com o objetivo de melhorar minha capacidade de conversação e fluência. Embora tivesse estudado nos tempos de colégio, percebi que, para me comunicar melhor, precisava deixar de lado o receio de errar e simplesmente praticar mais. Ao me autoavaliar diariamente, consegui identificar onde estava falhando e ajustar meu plano de estudos. Em poucos meses, sinto que melhorei muito mais do que imaginava, simplesmente por ter me permitido errar e aprender com esses erros.

Uma das grandes vantagens da autoavaliação regular é a capacidade de corrigir a rota em tempo real. Isso é realmente entusiasmante! Ao se autoavaliar frequentemente, você pode perceber rapidamente quando está se desviando da rota e fazer os ajustes necessários antes que o problema se torne grande. É como ter um GPS interno que constantemente recalcula o percurso para mantê-lo no caminho certo. Por exemplo, se você está aprendendo um novo idioma e percebe que não tem progredido como gostaria, a autoavaliação pode revelar que você não está praticando o suficiente. Ao identificar isso cedo, você pode ajustar seu plano de estudo, talvez aumentando o tempo de prática diária ou buscando novas formas de imersão no idioma. Tive a sorte de contar com o apoio do meu professor de inglês, Marcos Piola, que me ajudou a perceber essas questões, aprimorar minha abordagem e acelerar meu aprendizado. Seu conhecimento, paciência e metodologia fizeram toda a diferença nessa jornada. Sou muito grato por essa orientação e evolução!

A autoavaliação, quando praticada regularmente, se torna uma ferramenta poderosa para manter você alinhado com seus objetivos e garantir que esteja sempre no caminho certo, em todas as esferas da sua jornada.

WABI-SABI: A BELEZA DA IMPERFEIÇÃO E A JORNADA DE CRESCIMENTO

Essa filosofia japonesa celebra a beleza da imperfeição, da transitoriedade e da simplicidade. Em um mundo que muitas vezes valoriza o perfeito e o impecável, o **wabi-sabi** nos convida a enxergar valor no que é autêntico, no que carrega marcas de tempo e história, tanto em objetos quanto em pessoas. Esse conceito não apenas nos ensina a apreciar a singularidade e a natureza impermanente da vida, mas também pode ser aplicado na autogestão e na busca por crescimento contínuo. Minha experiência com meu amigo, o Ribeiro, ilustra perfeitamente como o wabi-sabi, aliado à filosofia Kaizen de melhoria gradual, pode transformar desafios em oportunidades de aprendizado e crescimento.

Ribeiro, um amigo rotariano e gerente de projetos em uma grande empresa de tecnologia, vivia um momento de grande pressão profissional. Durante uma conversa no clube, ele me contou sobre as dificuldades que enfrentava com sua equipe e os resultados insatisfatórios de seus projetos. Embora tivesse ideias brilhantes, Ribeiro frequentemente se isolava, deixando de colher contribuições valiosas de sua equipe. Aproveitei a oportunidade para sugerir que ele fizesse uma autoavaliação, reservando um tempo para refletir sobre os últimos meses de trabalho e identificar padrões que poderiam estar prejudicando seus resultados.

Ele seguiu meu conselho e dedicou um fim de semana para essa reflexão. Ribeiro listou os projetos em que havia trabalhado recentemente, destacando os que tiveram sucesso e os que fracassaram. Durante esse exercício, percebeu que os projetos bem-sucedidos tinham um elemento comum: uma comunicação mais clara e aberta com a equipe. Já os projetos que não vingaram eram marcados por sua dificuldade em compartilhar responsabilidades e em ouvir ideias alheias. Foi nesse momento que Ribeiro começou a enxergar o poder do wabi-sabi: ele percebeu que suas falhas e imperfeições como líder não precisavam ser escondidas ou ignoradas, mas poderiam ser usadas como base para melhorias.

Inspirado pela filosofia Kaizen, Ribeiro decidiu implementar pequenas mudanças em sua rotina de trabalho. Ele começou a realizar reuniões regulares com a equipe, criando um ambiente onde todos se sentiam à vontade para compartilhar ideias e preocupações. No início, as reuniões não eram perfeitas. Às vezes, havia mal-entendidos ou dificuldades para alinhar as expectativas, mas Ribeiro aprendeu a valorizar cada passo no processo, reconhecendo que a verdadeira transformação vem de ajustes graduais e consistentes.

Três meses depois, durante outra conversa, Ribeiro compartilhou comigo os resultados de suas mudanças. Ele estava surpreso com a melhora no desempenho de sua equipe e no ambiente de trabalho. Os projetos estavam sendo concluídos de forma mais eficiente, e os colaboradores se sentiam mais engajados e valorizados. Ribeiro havia abraçado o conceito de wabi-sabi, entendendo que a liderança não é sobre ser perfeito, mas sobre ser autêntico, estar disposto a aprender com os erros e buscar o progresso constante.

O CONHECIMENTO GERA SABEDORIA

Em nossa jornada de crescimento e aprimoramento, o conhecimento e a sabedoria desempenham papéis fundamentais. Esses conceitos não se limitam ao simples acúmulo de informações; em vez disso, atuam como guias que nos orientam a tomar decisões mais inteligentes, a viver com propósito e a enfrentar os desafios com confiança. Compreender a diferença entre conhecimento e sabedoria, e como cultivá-los, pode transformar profundamente a sua vida.

Como engenheiro, gosto de dizer que o conhecimento é como a fundação de uma casa. Sem uma base sólida de cálculos e planejamento, é difícil construir uma estrutura forte e duradoura, capaz de resistir ao tempo e às adversidades. O conhecimento nos permite entender o mundo ao nosso redor, desenvolver habilidades e adquirir as ferramentas necessárias para navegar pela vida. Mas, por si só, ele tem suas limitações, e precisa ser transformado em sabedoria para ter um impacto verdadeiro e duradouro.

A sabedoria, por outro lado, é o fruto da reflexão, da experiência e da aplicação prática do conhecimento. É a capacidade de discernir o que é verdadeiramente importante, de fazer escolhas éticas e de viver de acordo com princípios que promovam o bem-estar e a harmonia para si mesmo e as pessoas ao seu redor. Enquanto o conhecimento nos mostra o caminho, a sabedoria nos ensina como percorrê-lo da melhor forma, de modo a acrescentar algo realmente extraordinário à nossa vida.

O conhecimento é essencial para nossa evolução pessoal e profissional, mas o simples acúmulo de informações não nos torna sábios. A sabedoria se revela na aplicação prática do conhecimento, na capacidade de tomar decisões éticas e sensatas, e na habilidade de viver de acordo com princípios que promovem o bem-estar individual e coletivo.

O princípio do Kaizen é extremamente relevante quando se trata desses dois conceitos. Em vez de buscar grandes revelações ou transformações, comprometa-se a aprender um pouco a cada dia e a aplicar o que aprendeu em passos pequenos, mas significativos.

Desenvolver conhecimento é fundamental para o seu crescimento. A cultura geral não apenas aprimora nossos valores, mas também nos ajuda a desenvolver um pensamento mais crítico. Ela nos dá as ferramentas para entender sentimentos e emoções que antes pareciam nebulosos, trazendo clareza e significado para inúmeras experiências pelas quais passamos. O conhecimento dá a você a base para compreender o mundo em que vive. Nas minhas aulas, alguns alunos costumam dizer: "Professor, a teoria não adianta nada, o que importa é a prática". E eu sempre respondo que a teoria é fundamental, porque ela nos dá a fundação para aplicar os conceitos aprendidos em prática, de modo eficiente. A cultura geral se constrói com conhecimento teórico, que, combinado com as experiências práticas, irá torná-lo uma pessoa mais sábia. Percebe como se trata de uma combinação de fatores?

A filosofia, por exemplo, é uma das ciências que mais contribui para o desenvolvimento da sabedoria, através dos ensinamentos de grandes pensadores. Na tradição filosófica, homens como Sócrates, Platão, Aristóteles e Nietzsche nos ensinaram que o conhecimento é a chave para a sabedoria. Através da reflexão e da aplicação prática do que aprendemos, nos tornamos mais sábios e, assim, somos capazes de viver uma vida mais plena. Faço questão de deixar aqui registrado para você um breve resumo de quem foram os seguintes pensadores:

- **Sócrates**: conhecido por seu método de diálogo e questionamento, o método socrático, esse filósofo imortal acreditava que a verdadeira sabedoria vinha da consciência da própria ignorância. Em vez de acumular conhecimentos superficiais, Sócrates incentivava as pessoas a questionarem suas próprias crenças e a buscarem um entendimento mais profundo das questões fundamentais da vida. Na prática, ele passava horas conversando com os cidadãos de Atenas, desafiando suas ideias e ajudando-os a alcançar uma compreensão mais autêntica do mundo. Sua sabedoria estava na habilidade de guiar os outros através do questionamento e da introspecção.

- **Platão**: discípulo de Sócrates, Platão ampliou as ideias de seu mestre e fundou a Academia, uma das primeiras instituições de ensino superior do mundo ocidental. Ele via o mundo físico como uma sombra do mundo das ideias, onde residiam as verdades eternas. Platão usava diálogos filosóficos para explorar conceitos como justiça, beleza e virtude. Sua famosa alegoria da caverna é uma metáfora poderosa que nos ensina a importância de buscar a verdade e a sabedoria além das aparências superficiais.[9] Platão nos mostrou que a educação e a reflexão filosófica são essenciais para alcançar uma compreensão mais profunda da realidade.
- **Aristóteles**: aluno de Platão, Aristóteles trouxe uma abordagem mais prática e empírica ao conhecimento. Ele foi pioneiro em diversas áreas, desde a biologia até a ética. Aristóteles acreditava que a sabedoria prática, ou *phronesis*, era a capacidade de tomar decisões corretas na vida cotidiana. Ele defendia a virtude como um caminho para alcançar a *eudaimonia*, ou felicidade plena. Para Aristóteles, a sabedoria envolvia encontrar o equilíbrio entre extremos, o que ele chamava de "justa medida", e aplicar princípios éticos na vida diária. Sua sabedoria se baseava na observação cuidadosa do mundo e na aplicação prática do conhecimento para melhorar a vida humana.
- **Nietzsche**: Friedrich Nietzsche, embora muitas vezes controverso, trouxe uma perspectiva única sobre sabedoria e conhecimento. Ele desafiou as convenções morais e religiosas de seu tempo, propondo a ideia do *übermensch* (superhomem) como um ideal de autossupera-

---

9 Mito da Caverna. *Mundo Educação*. Disponível em: https://mundoeducacao.uol.com.br/filosofia/mito-caverna.htm. Acesso em: 23 mar. 2025.

ção e autonomia. Nietzsche acreditava que a verdadeira sabedoria vinha da coragem de enfrentar a verdade sobre a condição humana e de criar seus próprios valores e significados. Sua abordagem enfatizava a importância da autenticidade, da individualidade e da resistência às normas sociais opressoras. Nietzsche nos encorajou a refletir profundamente sobre nós mesmos e a buscar nossa própria verdade, mesmo que isso signifique desafiar as convenções estabelecidas.

Esses filósofos nos ensinam que a sabedoria não se resume a acumular conhecimento, mas sim em aplicá-lo de maneira reflexiva e prática.

Aqui estão algumas maneiras de incorporar as lições deles na sua vida diária:

1. **Pratique a introspecção e o questionamento:** como Sócrates, reserve um tempo para refletir sobre suas próprias crenças e valores. Pergunte a si mesmo por que você acredita no que acredita e esteja aberto a ajustar suas opiniões com base em novas evidências e insights. A introspecção é um caminho para o autoconhecimento e para uma vida mais consciente.
2. **Busque a verdade além das aparências:** inspirado por Platão, tente olhar além das superfícies e explore os princípios fundamentais que guiam a sua vida. Não se contente com respostas superficiais; vá mais fundo nas questões que são importantes para você. A busca por um entendimento mais profundo pode trazer clareza e propósito à sua jornada.
3. **Aplique o conhecimento na vida cotidiana:** como Aristóteles, valorize a sabedoria prática. Use o que você aprendeu para tomar decisões éticas e equilibradas no

dia a dia. Encontre o equilíbrio entre os extremos e busque a "justa medida" em suas ações. A verdadeira sabedoria está em aplicar o conhecimento de forma que ele melhore sua vida e a vida dos outros.

4. **Crie seus próprios valores e significados:** inspirando-se em Nietzsche, tenha a coragem de desafiar as convenções e de criar seus próprios valores. Busque a autenticidade em tudo o que faz e não tenha medo de se afastar das normas sociais se isso significar viver uma vida mais verdadeira e significativa para você. Ser fiel a si mesmo é a base para uma vida plena.

Aqui estão outras maneiras de cultivar tanto o conhecimento quanto a sabedoria na sua vida:

1. **Estudo contínuo:** mantenha-se sempre atualizado com novas informações e avanços na sua área de interesse. Leia livros, artigos, participe de cursos e workshops. O aprendizado é um processo contínuo, que não deve ser interrompido ao concluir os estudos formais.
2. **Curiosidade incessante:** mantenha sua curiosidade viva. Faça perguntas, explore novos tópicos e nunca se contente com respostas superficiais. A curiosidade é o motor do aprendizado e nos leva a descobertas fascinantes.
3. **Troca de conhecimentos:** envolva-se em discussões e debates. Compartilhar suas ideias e ouvir as perspectivas dos outros pode enriquecer seu entendimento e abrir novas portas para o conhecimento.
4. **Reflexão diária:** reserve um momento todos os dias para refletir sobre suas experiências e aprendizados. Pergunte-se o que você aprendeu hoje e como pode aplicar esse conhecimento de maneira prática e sensata. Esse hábito diário fortalece a sabedoria ao longo do tempo.

5. **Humildade:** reconheça que, por mais que saiba, sempre há mais para aprender. A sabedoria vem da compreensão de que somos eternos estudantes da vida.
6. **Aplicação prática:** coloque em prática o que você aprendeu. A sabedoria se desenvolve quando aplicamos o conhecimento de forma que beneficie a nós mesmos e aos outros. Experimente, ajuste e aprenda com os resultados.
7. **Busca por conselhos:** não hesite em buscar orientação de pessoas sábias e experientes. Aprender com aqueles que já percorreram o caminho pode fornecer insights valiosos e acelerar seu próprio desenvolvimento. Isso nos permite aprender sem precisar passar pelas dificuldades. Meu pai sempre dizia ser melhor aprender pelo amor do que pela dor.

Ao longo dos anos, percebi que a aplicação prática do conhecimento é o que realmente faz a diferença em nosso dia a dia. Assim como tive meus mestres, como meu pai e meu sensei, que me ajudaram a obter conhecimento, hoje posso compartilhar o que aprendi com meus próprios filhos, amigos e alunos.

Meu segundo filho, Lucas, tem hoje 31 anos e atua como administrador e gestor financeiro em minha empresa. Sua trajetória profissional começou ainda na adolescência, quando ingressou na empresa como office-boy, e, desde então, tem demonstrado grande dedicação, competência e visão estratégica. Ao longo dos anos, cresceu profissionalmente e hoje desempenha um papel fundamental no desenvolvimento e sucesso do nosso trabalho. Ele frequentemente me procura para conversar sobre a vida, buscando entender melhor o conhecimento e as experiências que acumulei e transformei em sabedoria. Nossa relação é marcada por diálogos profundos, nos quais compartilho lições valiosas que adquiri ao longo dos anos.

Lucas está sempre ávido por aprender e aplicar esses ensinamentos em sua vida pessoal e profissional. Ele valoriza minhas perspectivas sobre temas variados, desde a gestão de tempo e a importância do autoconhecimento, até a resiliência em tempos de dificuldade e a busca pelo equilíbrio entre a vida profissional e familiar. Esses momentos de conversa são preciosos para nós dois, pois nos permitem não apenas fortalecer nosso vínculo, mas também refletir sobre o significado e os valores que orientam nossas vidas.

Recentemente, discutimos maneiras de melhorar seu desempenho acadêmico. Compartilhei com ele algumas técnicas que usei durante meus anos de estudo e prática profissional, e que continuam a ser úteis até hoje. Expliquei que, ao aprender uma nova teoria, sempre busquei encontrar uma maneira de aplicá-la no meu dia a dia. Isso não só ajuda a fixar o conhecimento, mas também a torná-lo realmente útil.

Lucas, curioso, perguntou como eu sempre consegui manter tudo sob controle. Expliquei que é uma combinação de várias técnicas e de uma mentalidade de aprendizado contínuo. Ao longo da vida, integrei o que aprendi de forma prática, incluindo a sabedoria adquirida através da experiência e da reflexão.

Ele também quis saber como identificar se estava aplicando o conhecimento de maneira eficaz. Reforcei a importância da reflexão diária e da busca por feedback, dois componentes importantíssimos do processo de autoavaliação. Cada dia oferece uma nova oportunidade para analisar o que funcionou e o que pode ser melhorado, e nunca devemos hesitar em buscar orientação de pessoas mais experientes.

Lucas demonstrou uma admiração genuína por essas lições, mas a verdade é que muitos exemplos de sabedoria podem ser encontrados em nossas vidas diárias. Não é necessário ser um grande líder ou uma figura histórica para usar o conhecimento de forma sábia. Muitas vezes, basta olhar ao redor para perceber que há exemplos inspiradores de sabedoria e prática em nossa vida cotidiana.

- **Sabedoria no trabalho:** imagine um gerente de projetos que, após anos de experiência, percebeu que a comunicação clara e frequente é a chave para o sucesso. Ele aplica essa sabedoria ao manter reuniões regulares com sua equipe, solicitando feedback constante e ajustando o curso conforme necessário. Embora essa prática possa parecer simples, ela evita muitos problemas potenciais e mantém a equipe alinhada e motivada.
- **Sabedoria na vida pessoal:** pense em um pai que, ao longo dos anos, descobriu que a paciência é essencial na educação dos filhos. Ele aprendeu a ouvir seus filhos com atenção, a dar-lhes espaço para expressar suas emoções e a guiá-los com calma e compreensão, mesmo nas situações mais desafiadoras. Essa abordagem não só fortalece os laços familiares, mas também ensina às crianças o valor da paciência e da empatia.
- **Sabedoria financeira:** um exemplo comum é o de alguém que, após passar por dificuldades financeiras, aprendeu a importância de economizar e investir com cuidado. Agora, essa pessoa faz um orçamento mensal, controla seus gastos e investe regularmente em fundos de emergência e aposentadoria. Essa prática constante garante uma segurança financeira que antes parecia inatingível. Em um próximo capítulo, vamos explorar mais profundamente esse tema.

Lembre-se, o caminho para o conhecimento e a sabedoria é interminável. Cada dia traz uma nova oportunidade para aprender, refletir e crescer. Espero que você abrace essa jornada de se tornar mais sábio a cada dia, com entusiasmo e humildade,

QUEM SE DISPÕE
A SE OBSERVAR
COM HONESTIDADE
APRENDE A AJUSTAR
O CAMINHO COM
MAIS SABEDORIA.

@junior.campos.prado
Kaizen para grandes conquistas

reconhecendo que a verdadeira sabedoria vem da combinação do aprendizado contínuo com a aplicação prática.

    Ao buscar sabedoria, você se torna parte de um todo maior. A sabedoria é o oposto do egoísmo. O sábio não precisa de atributos externos, como bens materiais, pois já encontra plenitude dentro de si. Eu gosto muito dos ensinamentos do budismo e da Seicho-no-ie, religião japonesa. No budismo, por exemplo, há um desprendimento dos bens materiais, porque o foco está em desenvolver valores internos. Pense nisso: o egoísta quer tudo para si porque sente um vazio interior; ele precisa de coisas externas para se sentir completo. O sábio, por outro lado, já está preenchido pelo conhecimento e pela cultura, e é isso que lhe traz verdadeira paz e satisfação.

Pilar 6

O PODER DA ESPIRITUALIDADE

A jornada de autoconhecimento e crescimento pessoal é profundamente enriquecida quando a espiritualidade e o Kaizen se encontram. Quando pensamos em espiritualidade, muitas vezes nos referimos à busca de um significado maior na vida, uma conexão com algo além do material. Não é necessariamente uma questão de religião, e sim de reconhecer e valorizar aquilo que transcende o cotidiano. Para muitos, inclusive para mim, a espiritualidade é uma fonte de força e paz. É nela que encontramos e fundamentamos nossa identidade (valores), direção (visão) e propósito (missão), orientando-nos a tomar as decisões certas.

ESPIRITUALIDADE NAS VIAGENS: ENSINAMENTOS DE CULTURAS DISTINTAS

Minhas viagens ao redor do mundo foram um profundo despertar espiritual. Cada cultura trouxe ensinamentos que ampliaram minha visão de mundo e fortaleceram minha compreensão da espiritualidade. Gostaria de compartilhar um pouco do que aprendi com você:

- **Índia e Nepal:** em contato com o budismo e o hinduísmo, aprendi sobre desapego e a busca pela sabedoria interior. A filosofia budista enfatiza o abandono do egoísmo, buscando não o **ter** mas o **ser**. Aprendi que o verdadeiro propósito não está nas posses, mas na conexão com nossa essência e com o mundo ao redor. Essas lições me ensinaram a praticar a compaixão e a entender que pequenas mudanças diárias — como sugere o Kaizen — podem trazer uma transformação interior duradoura.

- **China:** a experiência nos templos de Confúcio e na filosofia do taoísmo reforçou em mim o conceito de harmonia. Enquanto Confúcio valoriza a ordem social e a ética, o taoísmo nos orienta a aceitar o fluxo natural da vida. Ambas as filosofias me mostraram que a espiritualidade pode ser expressa em nosso dia a dia, em ações pequenas, como praticar a empatia e manter a paz. Essas ideias me ajudaram a desenvolver minha autogestão, pois aprendi a tomar decisões mais equilibradas e a aceitar o curso natural das coisas.
- **Oriente Médio:** em lugares como Turquia e Emirados Árabes Unidos, testemunhei a profunda devoção ao Islã, uma fé que valoriza a justiça e a compaixão. Os muçulmanos buscam integrar a espiritualidade na prática cotidiana, vivendo com incorporar e respeito. Essa harmonia entre fé e vida cotidiana me inspirou a alinhar minha própria prática espiritual com meus objetivos profissionais e pessoais, promovendo uma conexão entre a espiritualidade e o trabalho que realizo no mundo.
- **Europa cristã:** minha experiência na Itália e na Romênia, imerso na cultura católica e ortodoxa, me trouxe uma visão profunda sobre a tradição e a devoção religiosa. Em cada igreja e a cada ritual, havia uma busca pelo sagrado e uma reverência ao divino. Essa experiência me fez refletir sobre o poder da fé e a importância de cultivar a espiritualidade em minha vida, independentemente de religiões. Foi um lembrete de que minha própria jornada espiritual é uma busca por uma vida com propósito e valores que guiem cada uma de minhas ações.

A ESPIRITUALIDADE COMO UM COMPROMISSO DIÁRIO: AUTOGESTÃO E KAIZEN NA VIDA COTIDIANA

A espiritualidade, assim como o Kaizen, nos ensina que o desenvolvimento é contínuo e que cada pequena ação contribui para o todo. A prática espiritual é um compromisso diário, algo que exige autogestão para manter o foco e alinhar nossas ações com nossos valores. Assim como aprendi nas artes marciais, a disciplina é fundamental para esse crescimento. Pequenos momentos de introspecção e de conexão com o que realmente importa são como pequenas sementes que, com o tempo, florescem em uma vida plena.

No dia a dia, a espiritualidade se manifesta nas escolhas que faço, no tempo que dedico ao serviço comunitário, e no meu compromisso com a melhoria contínua. Lembro-me dos dias em que me dedicava à comunidade, seja como presidente do Rotary Club ou em outras atividades voluntárias. Cada ato de serviço é uma oportunidade de fortalecer minha espiritualidade e de respeitar minha essência, que valoriza o cuidado com o próximo. Esses momentos de conexão e contribuição me trazem uma paz profunda e reforçam o propósito que me guia.

A ESPIRITUALIDADE COMO FONTE DE RESILIÊNCIA E AUTOGESTÃO

A espiritualidade também é uma fonte de resiliência. Quando encontro desafios, volto-me para essa força interior, sabendo que cada dificuldade é uma oportunidade de crescimento. A filosofia Kaizen complementa esse caminho, pois nos lembra que sempre podemos melhorar, um passo por vez. Aprendi que cada experiência — seja uma viagem, uma conversa profunda ou um momento de silêncio — é uma chance de refletir e de crescer espiritualmente. E esse crescimento me torna mais resiliente e mais capaz de enfrentar a vida com coragem e serenidade.

UMA JORNADA CONTÍNUA DE APRENDIZADO E PROPÓSITO

A espiritualidade é, antes de tudo, uma jornada interior que nunca acaba. Cada experiência, cada prática e cada reflexão nos aproximam de uma compreensão mais profunda sobre o que realmente importa. Ao integrar o Kaizen, podemos praticar essa espiritualidade de forma constante, lembrando-se sempre de que o autoconhecimento e o propósito se constroem aos poucos, todos os dias.

Em cada nova experiência temos a oportunidade de respeitar nossa essência e de nos conectar com algo maior — essa busca constante dá sentido à minha vida e me permite construir uma existência em harmonia com o mundo ao meu redor, e o mesmo pode acontecer com você! A espiritualidade, o Kaizen e a autogestão são pilares dessa jornada, nos ajudando a viver com mais plenitude e a deixar um legado que reflita quem realmente somos no mundo.

Integrar a espiritualidade com o Kaizen é uma maneira de abordar o crescimento pessoal de forma holística. Não estou falando apenas de melhorar habilidades ou comportamentos, e sim de cultivar uma consciência mais profunda de nós mesmos e do mundo ao nosso redor. Isso pode incluir práticas como meditação, reflexão, oração ou, simplesmente, a busca por experiências que nutram o espírito. O Kaizen, com sua ênfase na melhoria contínua, encontra uma ressonância natural nesse pilar da autogestão, que também nos ensina que o desenvolvimento é um processo interminável e que sempre há espaço para aprimoramento.

Além disso, tanto a espiritualidade quanto o Kaizen nos ensinam a aceitar as circunstâncias como são e a nos adaptar de forma construtiva. Isso não significa resignar-se passivamente às dificuldades, mas usá-las como oportunidades para crescer e aprender. Aceitar o que não podemos mudar e focar em como nos aprimorar dentro dessas limitações é uma abordagem que nos fortalece e nos prepara para enfrentar os desafios da vida.

Quero deixar claro que a espiritualidade transcende a simples associação com a religião, emergindo como uma dimensão mais ampla e pessoal do ser humano. Ela representa uma jornada interior em busca de significado, propósito e conexão com algo maior. No contexto da autogestão, a espiritualidade é uma ferramenta muito poderosa para o autoconhecimento e a realização pessoal, pois nos convoca a gerir nossa vida de maneira consciente e equilibrada.

Essencialmente, esse pilar é uma exploração profunda do nosso ser interior, dos nossos valores e da nossa essência. É um convite a olhar para dentro de nós mesmos, refletir sobre nossas crenças, emoções e comportamentos, e buscar uma harmonia interna que ressoe com o universo. Esta jornada não está vinculada a dogmas ou rituais específicos, mas é uma experiência individual de busca por entendimento e paz interior.

Ao cultivar a espiritualidade, você desenvolve uma maior consciência de si mesmo e do mundo ao seu redor, e assim se torna capaz de tomar decisões que harmonizem com seu propósito na vida. Você se torna um observador atento de seus pensamentos e emoções, portanto consegue avaliar suas reações e comportamentos de modo mais eficaz. Além disso, oferece uma perspectiva mais ampla, ajudando-nos a ver as situações de modo a encontrar soluções criativas para os problemas que enfrentamos.

A religião consiste em regras e práticas estabelecidas que nos orientam a procurar quem somos e qual é o nosso propósito neste mundo, oferecendo respostas para questões fundamentais sobre vida e morte, promovendo valores éticos e cultivando práticas que nos conectam ao divino, ao sagrado e a uma tradição maior. Ela traz uma estrutura para quem busca orientação e um senso de comunidade. Já a espiritualidade, por outro lado, surge quando você, a partir dos seus próprios valores, cria as suas próprias regras de vida. É como uma evolução natural, onde você se desprende de dogmas específicos para encontrar um caminho mais pessoal e interior. É um convite para viver de maneira mais autêntica e em sintonia com quem você é de verdade.

Quando falamos sobre diferentes religiões, estamos mostrando que, no fundo, todas elas conduzem ao mesmo destino. Por isso conhecer e respeitar as diferentes abordagens religiosas é fundamental, mas também é importante perceber que você pode encontrar sua própria maneira de entender e se relacionar com a vida. A espiritualidade, nesse sentido, é sobre encontrar seu lugar no mundo a partir do seu interior, e isso é um equilíbrio entre a sabedoria das religiões e a busca por um entendimento mais pessoal e profundo, por meio do autoconhecimento e de práticas como meditação, gratidão e mindfulness.

Ao embarcar nessa jornada de autodescoberta, você começará a descobrir um propósito e um significado mais profundos para a sua vida. É importante lembrar que a espiritualidade é um caminho contínuo de crescimento e evolução, moldado pelos seus próprios valores e experiências. À medida que você integra a espiritualidade no seu dia a dia, sua vida se tornará mais plena, significativa e conectada – tanto consigo mesmo quanto com o mundo ao seu redor.

*

Meu primo Jessé, um engenheiro civil extremamente inteligente, com cerca de sessenta anos, sempre foi uma figura admirável na família. Apesar de sua vasta experiência de vida e dedicação à profissão, assim como eu, ele nutria um interesse profundo em desvendar os segredos de uma vida mais plena e feliz. Nossas conversas sempre foram momentos de troca genuína. Um dia, Jessé compartilhou comigo suas reflexões sobre a vida. Embora ele tivesse construído uma carreira e tivesse uma família maravilhosa, sentia que ainda faltava algo. Até a juventude, ele acreditava que a espiritualidade estava exclusivamente ligada à religião, influenciado pela forte presença do catolicismo imposta por seus pais. No entanto, eu compartilhava que a espiritualidade é, na verdade, uma jornada interior, capaz de nos permitir enxergar o mundo de uma maneira diferente. Trata-se de buscar significado, propósito e uma conexão mais profunda com algo maior do que nós mesmos. Não é sobre seguir dogmas ou rituais específicos, e sim uma experiência pessoal e única de autoconhecimento e paz interior.

Nossas trocas também revelaram que tínhamos mais em comum do que imaginávamos. Alguns anos atrás, Jessé decidiu se dedicar ao karatê. Naquela época, ele estava passando por um momento difícil — seu irmão havia falecido, e ele lutava contra o sobrepeso, sentindo-se fisicamente e emocionalmente desgastado. O karatê se tornou uma fonte de relaxamento e de renovação para ele, melhorando não só sua saúde física, mas também sua força mental e espiritual.

Em uma de nossas conversas, discutimos como a espiritualidade está intrinsecamente ligada à autogestão. Em outra ocasião, compartilhei com Jessé a influência que Jesus Cristo teve em minha vida, especialmente no que se refere ao conceito de amor puro e altruísta que se doa sem esperar nada em troca. Jessé já tinha essa visão, mas, ao revisitarmos juntos as lições de esperança, coragem e superação que Jesus nos deixou, ele se sentiu ainda mais tocado e inspirado a aplicar esses princípios no seu dia a dia.

Esses momentos de cumplicidade, onde dividimos nossas experiências e aprendizados, têm sido valiosos para ambos. É nessas trocas que crescemos, nos fortalecemos e encontramos novas perspectivas para a vida.

E você, já considerou como a espiritualidade e o autoconhecimento podem transformar sua vida? Que passos você está disposto a dar para começar essa jornada? Assim como meu primo Jessé encontrou no karatê e na espiritualidade uma forma de se renovar, o que você poderia fazer para se reconectar consigo mesmo? Está preparado para essa transformação?

PARA REFLETIR: EXISTE DIFERENÇA ENTRE FELICIDADE E PAZ INTERIOR?

A resposta para essa pergunta é "sim, há uma diferença essencial entre esses dois estados". A felicidade geralmente está ligada a circunstâncias externas, momentos de alegria e conquistas, enquanto a paz interior é um estado mais profundo e independente das situações ao nosso redor.

A felicidade pode ser passageira, pois muitas vezes depende de eventos considerados positivos, como alcançar um objetivo, receber uma boa notícia ou estar rodeado de pessoas queridas. Já a paz interior não está condicionada a fatores externos. Ela nasce do equilíbrio interno, da aceitação, do autoconhecimento e da capacidade de enfrentar desafios sem se deixar abalar emocionalmente.

Uma pessoa pode estar feliz em um momento e triste no outro, mas quem desenvolve a paz interior consegue manter serenidade e clareza mesmo em meio às adversidades. Enquanto a felicidade pode ser instável e flutuante, a paz interior oferece um alicerce sólido para enfrentar a vida com sabedoria e resiliência.

Podemos comparar a felicidade às ondas do mar, que sobem e descem conforme as circunstâncias, enquanto a paz interior é como as profundezas do oceano, calmas e constantes, independentemente da superfície turbulenta.

Buscar a felicidade é natural, mas cultivar a paz interior é essencial para uma vida verdadeiramente plena. Esse processo começa ao alimentarmos a nossa espiritualidade. Que tal começar essa jornada hoje?

Para desenvolver sua espiritualidade, sugiro que você percorra os seguintes passos:

1. **Reflexão e autoexploração:** reserve um tempo para refletir sobre suas crenças, valores e experiências de vida. Questione o que realmente importa para você e o que dá sentido à sua existência. *Exemplo prático*: mantenha um diário onde você escreve suas reflexões diárias sobre suas experiências e sentimentos.
2. **Práticas espirituais:** adote práticas espirituais que ressoem com você, como meditação, ioga, oração, diário da gratidão ou caminhadas na natureza. Elas ajudam a cultivar uma conexão mais profunda consigo mesmo e com o mundo ao seu redor. *Exemplo prático*: dedique dez minutos por dia à meditação, concentrando-se na sua respiração e deixando de lado as preocupações diárias.
3. **Leitura e aprendizado:** explore textos e ensinamentos de diversas tradições espirituais e filosóficas. Isso pode expandir sua compreensão e oferecer novas perspectivas sobre a vida e a espiritualidade. *Exemplo prático*: leia livros de autores como Eckhart Tolle, Deepak Chopra, ou Thich Nhat Hanh para obter insights sobre espiritualidade e mindfulness.
4. **Conexão com a natureza:** passe tempo na natureza para se reconectar com o mundo natural — uma fonte poderosa de inspiração espiritual e tranquilidade. *Exemplo prático*: faça caminhadas semanais em parques ou reservas naturais, observando e apreciando a beleza ao seu redor.
5. **Servir aos outros:** envolver-se em atividades de serviço e voluntariado pode aprofundar sua espiritualidade,

proporcionando um senso de propósito e conexão com os outros. *Exemplo prático*: voluntarie-se em uma instituição de caridade local ou participe de projetos comunitários que ajudem pessoas necessitadas.

CAMINHOS DA FÉ

Como vimos até aqui, as religiões, em todas as suas formas e expressões, são como diferentes trilhas que podemos seguir na jornada para encontrar respostas para as grandes questões da vida. Talvez você já tenha se perguntado sobre o sentido da existência, ou como se conectar com algo maior que você. Se sim, saiba que não está sozinho. Seja no cristianismo, islamismo, hinduísmo, budismo, judaísmo ou em outras tradições como sikhismo, taoísmo, confucionismo e xintoísmo, cada uma dessas religiões oferece um jeito especial de entender o mundo e de encontrar paz e propósito.

Apesar das diferenças nas crenças e rituais, há algo em comum que une todas essas tradições. No fundo, todas elas buscam nos ajudar a entender o que é realmente importante na vida, a cultivar compaixão, justiça e a viver de acordo com valores que beneficiem a todos. Além disso, oferecem um senso de pertencimento, um lugar onde podemos nos sentir acolhidos e apoiados, especialmente quando as coisas ficam difíceis.

Mesmo que cada religião veja o mundo e o sagrado de uma maneira única, todas compartilham a ideia de que há algo além do que nossos olhos podem ver. Seja acreditando em deuses, espíritos, ou em conceitos como céu, inferno ou reencarnação, essas tradições nos convidam a pensar que há mais na vida do que o que percebemos na superfície.

Essas semelhanças não acontecem por acaso. Elas refletem o que todos nós, em qualquer canto do mundo, procuramos: significado, orientação e uma conexão mais profunda que nos ajude a lidar com as complexidades e desafios da vida. E é nessa busca, independentemente do caminho que escolhemos seguir, que encontramos um ponto de encontro que nos une como seres humanos, todos a procura de algo maior.

O taoísmo, com sua tradição filosófica e espiritual, nos oferece uma perspectiva muito rica sobre a vida, especialmente quando pensamos na importância de manter o equilíbrio e a harmonia em tudo o que fazemos. Um dos conceitos centrais dessa tradição é o **yin e yang**, que você talvez já tenha ouvido falar. Ele nos lembra que, em tudo na vida, existem forças opostas que, na verdade, são complementares e interdependentes. Quando começamos a perceber e aceitar que o bem e o mal, a luz e a escuridão, ou até mesmo a ação e a inação estão sempre em equilíbrio, conseguimos alcançar uma compreensão mais profunda da nossa própria existência.

Pense nisso: reconhecer que os opostos coexistem e se complementam nos ajuda a ver a vida de uma forma mais equilibrada. Em vez de enxergar o mundo como um lugar de conflitos, podemos começar a vê-lo como uma tapeçaria de interações que, juntas, criam algo belo e harmonioso. Essa visão é essencial para cultivarmos uma vida mais equilibrada, onde o interno e o externo se alinham em perfeita harmonia.

Agora, vamos falar sobre os mantras, que vêm de antigas tradições meditativas. Eles utilizam a energia vibracional de palavras, sons ou frases para nos ajudar a alcançar estados elevados de consciência e paz interior. Mas não se trata apenas de repetir palavras. Esses sons carregam uma energia que ressoa com o universo, funcionando como chaves que desbloqueiam níveis mais profundos de percepção e bem-estar. Quando nos dedicamos à prática dos mantras com intenção e coração aberto, abrimos portas para uma vida mais plena e harmoniosa. É como se, por meio do som e da palavra, fôssemos guiados em nossa jornada para encontrar equilíbrio e realização interior.

E falando em equilíbrio, a busca pela justiça é uma aspiração que todos nós compartilhamos, tanto em nossas vidas pessoais quanto em nossa sociedade. A lei da semeadura, que você já deve ter ouvido, nos ensina que colhemos o que plantamos. Isso não se aplica apenas às nossas ações, mas também aos nossos pensamentos, intenções e energias. Quando compreendemos essa lei, começamos a refletir sobre como cada escolha que fazemos impacta não só a nossa vida, mas também o mundo ao nosso redor. É um convite para sermos mais conscientes e responsáveis, sabendo que tudo o que fazemos volta para nós de alguma forma.

Refletir sobre a justiça divina e a lei da semeadura nos dá uma visão mais profunda e enriquecedora da nossa existência. Ela nos convida a olhar além das situações imediatas, percebendo que cada experiência em nossas vidas carrega lições valiosas, destinadas a nos fazer crescer espiritualmente. Aceitar essas lições é um passo essencial para a nossa evolução, tanto individual quanto coletiva.

Quando pensamos em Jesus Cristo, sabemos que seu exemplo de amor e bondade continua a inspirar milhões de pessoas em todo o mundo. Seus ensinamentos sobre o valor da vida e o verdadeiro significado do amor são fundamentais para uma vida plena e significativa. Ele nos apresentou o conceito de amor ágape, um amor puro e altruísta, que se doa sem esperar nada em troca. Esse tipo de amor, que Jesus não só pregava, mas vivia em sua essência, nos mostra que a vida ganha um propósito real e genuíno quando é dedicada ao serviço aos outros.

Jesus também nos deixou um exemplo perfeito de bondade. Ele é reconhecido como um dos maiores líderes espirituais, não apenas por suas palavras, mas também por suas ações. Ao curar os enfermos e alimentar os famintos, Jesus demonstrou uma bondade incondicional e um compromisso profundo com o bem-estar da humanidade. Suas palavras em João 16:33,

ESPIRITUALIDADE É LEMBRAR TODOS OS DIAS QUE VOCÊ FAZ PARTE DE ALGO MAIOR — E QUE SUA JORNADA TEM UM PROPÓSITO.

@junior.campos.prado
Kaizen para grandes conquistas

"tenho-vos dito isto, para que em mim tenhais paz; no mundo tereis aflições, mas tende bom ânimo, eu venci o mundo", ainda hoje são um lembrete poderoso de sua mensagem de esperança, coragem e vitória sobre as adversidades.

O legado de Jesus ultrapassa as barreiras do tempo e das religiões e independe das discussões sobre a sua existência histórica, e oferece a todos nós um modelo de vida fundamentado no amor, na compaixão e na bondade. É essencial reconhecer o valor das mensagens e princípios atribuídos a Ele. As lições de amor, compaixão, perdão e humildade que ele nos deixou são universais e transcendentes, tocando pessoas de diferentes crenças e culturas. Seus ensinamentos continuam a ser uma bússola para pessoas e comunidades que buscam construir um mundo mais justo e amoroso. Ao adotar os princípios do amor ágape e seguir o Seu exemplo, temos a chance de contribuir para uma sociedade mais harmoniosa e empática.

Por outro lado, a visão panteísta de Baruch Spinoza, um filósofo do século XVII, traz uma perspectiva única sobre a natureza de Deus.[10] Para Spinoza, Deus não é um ser antropomórfico que intervém diretamente no mundo, mas a substância única e infinita que compõe a essência de tudo o que existe. Ele propôs que Deus e a natureza são a mesma coisa, regidas por leis imutáveis e racionais. Segundo o filósofo, a verdadeira liberdade e felicidade vêm do entendimento e da aceitação da ordem natural, vivendo de acordo com a razão e em harmonia com o universo.

Todos esses ensinamentos nos convidam a refletir sobre nossa própria conduta e a nos esforçar continuamente para sermos melhores seres humanos. Através da espiritualidade, nos tornamos mais íntimos de nós mesmos e, assim, capazes de evoluir um pouco mais a cada dia.

---

10 SOUZA, Thiago. Baruch Spinoza: quem foi e a teoria do filósofo. *Toda Matéria*. Disponível em: https://www.todamateria.com.br/baruch-spinoza/. Acesso em: 23 mar. 2025.

Pilar 7

O PODER DA GESTÃO FINANCEIRA

Na sua caminhada em direção a uma vida plena e equilibrada, a gestão financeira desempenha um papel fundamental. Assim como nas artes marciais, onde disciplina e prática constante são essenciais, a gestão financeira exige atenção contínua e um compromisso com o aprendizado e a adaptação. É aqui que o conceito de Kaizen, cujo foco é a melhoria contínua, se torna um guia valioso. Vamos explorar como aplicar os princípios do Kaizen para transformar suas finanças de maneira prática e, principalmente, sustentável.

Comecemos pelo seguinte fundamento: a consciência financeira. Isso significa entender completamente sua situação atual — suas receitas, despesas, dívidas e investimentos. Pense nisso como um inventário de onde você está agora, um ponto de partida necessário para qualquer melhoria. Esta é a sua linha de base, a partir da qual você pode começar a planejar e implementar mudanças.

O próximo passo é a sua educação financeira. Assim como nas artes marciais, onde o conhecimento técnico é vital, o conhecimento sobre finanças é essencial para uma gestão eficiente e sem sobressaltos. Isso não significa que você precisa se tornar um especialista ou economista, mas adquirir uma compreensão sólida dos conceitos básicos como orçamento, poupança, investimento e dívida faz toda a diferença. O Kaizen nos ensina a aprender continuamente, então faça disso um hábito — leia livros, participe de workshops e busque informações de fontes confiáveis sempre que puder.

Agora, com uma base sólida de conhecimento, vem a aplicação prática: criar e manter um orçamento. Este é o seu plano de gastos, um reflexo de seus valores e prioridades. O Kaizen nos lembra que pequenas melhorias constantes são poderosas.

Assim, comece com pequenas mudanças, como cortar gastos desnecessários ou ajustar suas contribuições para a poupança. Monitore seu progresso regularmente e ajuste conforme necessário. Lembre-se, o objetivo é criar um sistema que funcione para você, não contra você.

Em seguida, vamos falar sobre investimentos. Muitas vezes, o pensamento de investir pode parecer intimidante, mas aqui o Kaizen novamente nos oferece uma abordagem encorajadora. Comece pequeno. Invista o que você pode, mesmo que seja uma quantia mínima. Com o tempo, e à medida que seu conhecimento e confiança crescem, você pode expandir suas opções de investimento. Pense nisso como plantar uma árvore — ela começa com uma semente, mas com cuidado e paciência, cresce e floresce.

Considero que o maior segredo para o sucesso financeiro é tratar seus investimentos como uma obrigação mensal. Assim como você paga suas contas de luz, água e outras despesas, comprometa-se a "pagar a si mesmo primeiro" reservando uma quantia fixa para seus investimentos. Com o tempo, esses depósitos regulares acumularão e se transformarão em um patrimônio significativo.

Um aspecto frequentemente negligenciado da gestão financeira é a eliminação de dívidas. O Kaizen nos ensina a enfrentar desafios de frente, com estratégia e persistência. Crie um plano para pagar suas dívidas, priorizando aquelas com as taxas de juros mais altas. Celebrar vitórias ao longo do caminho, como quitar uma dívida menor, pode fornecer a motivação necessária para continuar avançando. Vou compartilhar algo importante e interessante: contrair dívidas de forma consciente ao fazer investimentos é uma parte essencial do processo evolutivo das suas finanças, já que elas representam desafios que lhe motivam a buscar rendimentos maiores por meio do seu trabalho e a gerenciar melhor seus recursos.

E então há a questão do mindset financeiro. Cultivar uma mentalidade positiva e proativa em relação ao dinheiro é crucial. Isso significa não apenas lidar com as finanças como uma tarefa necessária, mas vê-las como uma oportunidade para crescer e se desenvolver. Desenvolver uma relação saudável com o dinheiro, onde ele é visto como uma ferramenta para alcançar seus objetivos, e não um fim em si mesmo, é um componente essencial.

Por fim, a avaliação e revisão periódica são fundamentais. O Kaizen nos ensina que a melhoria contínua é um processo sem fim. Reserve um tempo regularmente para revisar suas finanças, avaliar o que está funcionando e o que precisa ser ajustado. Seja honesto consigo mesmo sobre suas conquistas e desafios. Essa reflexão não só ajuda a manter seu plano no caminho certo, mas também oferece uma oportunidade para aprender e crescer a partir de suas experiências.

Quero reforçar que a gestão financeira não é uma tarefa isolada, mas uma parte integral da sua jornada de vida. Cada melhoria que você faz em suas finanças é um passo em direção a uma vida mais equilibrada e satisfatória. Ao abraçar o Kaizen em sua gestão financeira, você não está apenas melhorando suas finanças — você está cultivando uma vida de crescimento contínuo e realização pessoal.

Lembre-se, o caminho para a prosperidade não é uma corrida, mas uma maratona de melhoria contínua. E ao longo desse caminho, cada passo, não importa o quão pequeno, é um avanço em direção a uma vida mais abundante.

APRENDENDO COM SARAH

No universo da autogestão financeira, o princípio do Kaizen não é apenas uma filosofia, mas uma prática vital para alcançar estabilidade e prosperidade. Convido você a conhecer Sarah, uma professora dedicada que se depara com os desafios financeiros comuns a muitos de nós. Para facilitar a compreensão, as lições de educação financeira serão apresentadas em um formato de perguntas e respostas, permitindo uma abordagem dinâmica e acessível. Através das experiências de Sarah, exploraremos estratégias simples que podem transformar sua abordagem financeira diária.

Sarah é uma professora encantadora e muito inteligente, com cerca de trinta anos, que trabalha com crianças com necessidades especiais. Ela leciona em uma escola pública estadual e na APAE. Apesar de sua dedicação, Sarah frequentemente se queixa da falta de tempo e de dinheiro. Durante nossas conversas, ela sempre me pergunta como fazer o dinheiro sobrar e multiplicar.

A história de Sarah e suas preocupações financeiras são uma porta de entrada para discussões mais amplas sobre gestão financeira. Através dos próximos diálogos, pretendo entregar a você orientações para transformar suas finanças pessoais, aplicando os princípios do Kaizen. A partir de pequenas mudanças, você perceberá grandes transformações em sua própria vida financeira.

O segredo de se pagar primeiro

Através das mídias sociais, conheci uma professora chamada Sarah. Após várias conversas por alguns dias, criei coragem e a convidei para dançar em uma escola de dança na minha cidade. Ela aceitou, e foi muito divertido. Depois, para nos conhecermos melhor, saímos para tomar um sorvete.

Sarah e eu estávamos sentados em uma mesa perto da janela. Já estávamos um pouco cansados, e ela parecia pensativa enquanto eu sorria. Uma das nossas conversas frequentes pelo WhatsApp era sobre como, apesar de sua dedicação ao trabalho, Sarah frequentemente se queixava da falta de tempo e de dinheiro. Naquele momento, voltamos a falar sobre isso.

— Sarah, tenho pensado muito sobre nossas conversas sobre finanças. Sei que você se sente sobrecarregada com suas despesas e gostaria de ajudar você a encontrar uma maneira de fazer o dinheiro sobrar e multiplicar. Por isso quero compartilhar um conceito que pode transformar sua relação com o dinheiro: o princípio de "se pagar primeiro".

— Nunca ouvi falar disso. O que exatamente significa?

— É simples, mas poderoso. Significa separar uma parte da sua renda para poupança ou investimento antes de pagar suas contas e despesas. Pense nisso como tratar a poupança como uma despesa fixa, igual ao aluguel ou à hipoteca.

— Mas como isso é possível? Mal consigo cobrir minhas despesas mensais.

— Sei que parece difícil, mas vamos começar pequeno. Por exemplo, muitos especialistas recomendam começar com 10% da sua renda. Podemos automatizar o processo para que essa porcentagem seja transferida automaticamente para uma conta poupança ou de investimento assim que você receber seu salário.

— Interessante... E qual a vantagem disso?

— Várias. Primeiro, você estabelece a segurança financeira como prioridade. Isso significa que você sempre contribuirá para seu fundo de emergência, aposentadoria ou outros objetivos financeiros de longo prazo. Além disso, ajuda a desenvolver disciplina financeira e a viver dentro dos seus meios. Quando você poupa e investe, o dinheiro cresce ao longo do tempo graças aos juros compostos. Quanto mais cedo você começar, maior será o impacto desse crescimento. É como plantar uma árvore: quanto mais cedo você plantar, mais rápido ela cresce e mais frutos dá.

Reflexões sobre a vida financeira

Junior e Sarah estão sentados em um parque tranquilo, aproveitando uma tarde ensolarada. Eles têm uma conversa profunda sobre a vida financeira e seu verdadeiro propósito.

— Junior, nossa última conversa sobre "se pagar primeiro" realmente abriu meus olhos. Já comecei a implementar a estratégia. Mas ainda me sinto um pouco perdida em relação ao valor e propósito da minha vida financeira. Você pode me ajudar a entender melhor?

— A chave está em uma reflexão introspectiva. Pergunte-se: "como posso gerar valor em mim, para compartilhar os meus conhecimentos com outras pessoas que precisem de mim, e ainda paguem pela minha ajuda?". Pense nas suas habilidades únicas e nos conhecimentos que acumulou ao longo da vida.

— Bem — começou, pensativa — eu sou boa em ensinar e tenho uma paixão por ajudar crianças com necessidades especiais. Isso sempre me trouxe alegria e satisfação. Acho que posso começar por aí.

— Exatamente. Agora, pergunte-se: "quais as minhas habilidades e facilidades que me fazem feliz e que compõem o meu propósito de vida?". Identificar essas habilidades e paixões é crucial para construir uma vida profissional que não só te sustente financeiramente, mas que também te preencha e te faça sentir realizada.

— Eu realmente amo meu trabalho na escola e na APAE, mas às vezes sinto que não estou aproveitando todo o meu potencial. Talvez haja outras formas de compartilhar meu conhecimento e ajudar mais pessoas.

— Isso é ótimo, Sarah. À medida que clarificamos nosso propósito, é natural questionar: "diante do meu propósito, quais são os meus objetivos que, uma vez realizados, me trarão relacionamentos e significado?". Pense em como suas metas pessoais e profissionais se alinham com seu propósito maior.

— Gostaria de criar programas de apoio para famílias de crianças com necessidades especiais, talvez até escrever um livro sobre minhas experiências. Acho que isso poderia fazer uma diferença real na vida das pessoas — respondeu Sarah, sorrindo.

— Maravilhoso! — exclamei. — E por fim, não se esqueça da questão do reconhecimento financeiro: "o quanto eu posso ser reconhecido financeiramente pelo meu trabalho?". Isso não é apenas sobre dinheiro, mas sobre valorização pessoal e profissional. O reconhecimento financeiro é um indicativo de que você está no caminho certo, fornecendo valor real às pessoas e à comunidade a sua volta.

O valor inestimável do ser

Junior e Sarah estão caminhando por um jardim botânico, rodeados pela natureza exuberante. Eles encontram um banco e decidem sentar-se para continuar sua conversa sobre vida financeira e propósito.

— Junior, tenho pensado muito sobre valor e propósito, mas ainda me sinto presa às preocupações materiais. Como posso mudar essa mentalidade?

— É natural sentir-se assim, Sarah. Vivemos em uma sociedade que valoriza muito o materialismo, mas precisamos lembrar que o verdadeiro valor reside em nós, e não nas coisas que possuímos. O conhecimento e as habilidades que você tem são inestimáveis e podem beneficiar muitas pessoas.

— Isso faz sentido — respondeu, pensativa. — Mas como posso reconhecer e valorizar meu próprio conhecimento e minhas habilidades?

— Quando você possui conhecimentos e habilidades que podem ajudar os outros, seu valor se torna imensurável. As pessoas que precisam da sua expertise estão dispostas a recompensá-la por isso. Diferente dos bens materiais, que são finitos, o valor do conhecimento e das habilidades é perpetuamente renovável e ampliável.

— Então, você está dizendo que meu valor está no que eu posso oferecer ao mundo, não no que eu possuo?

— Exatamente. A autogestão é a arte de assumir o controle

da própria vida, emoções e pensamentos. É um processo contínuo de autoconhecimento e reflexão que nos permite compreender nossas verdadeiras necessidades, desejos e propósitos. Nossa felicidade e satisfação não dependem de fatores externos, mas de nossa capacidade de nos conectarmos com nosso verdadeiro eu.

— Isso é tão libertador! Mas e a espiritualidade? Como ela se encaixa nisso?

— A espiritualidade nos conecta com algo maior do que nós mesmos. Não importa qual seja a crença ou prática espiritual que seguimos, ela nos ajuda a transcender o material e perceber que somos parte de um todo maior. Nosso valor não é definido por nossos bens ou status social, mas por nossa essência, nossa conexão com o divino e nossa capacidade de amar e ser compassivos.

— Então, ao unir autogestão com espiritualidade, podemos encontrar um verdadeiro sentido de valor?

— Sim. Quando combinamos autogestão com espiritualidade, percebemos que o verdadeiro valor está em nossa autenticidade, em nossa habilidade de cultivar a paz interior e em nossa disposição para contribuir positivamente para o mundo ao nosso redor. Bens materiais podem proporcionar conforto temporário, mas não podem preencher o vazio que só pode ser saciado por um senso de propósito e conexão espiritual. A autogestão e a espiritualidade nos ensinam que o verdadeiro tesouro está em nós mesmos. Devemos valorizar nosso desenvolvimento espiritual e pessoal, e esse é o caminho para descobrir o valor inestimável do ser.

Aprender a negociar

Junior e Sarah estão sentados em uma sala de estar aconchegante, com uma xícara de chá em mãos. Eles discutem sobre a importância da negociação na vida cotidiana.

— Há uma área que ainda me sinto insegura: a negociação. Sempre acho difícil chegar a acordos justos. Pode me ajudar com isso?

— Claro, Sarah. A arte da negociação é uma habilidade indispensável que vai além do ambiente corporativo e permeia todas as facetas da vida. Negociar não é apenas chegar a um acordo, mas sim uma dança complexa de dar e receber, onde a compreensão e a empatia são fundamentais.

— Isso soa desafiador. Por onde devo começar para melhorar minhas habilidades de negociação?

— Vamos começar com alguns princípios-chave para uma negociação eficaz. Primeiro, a escuta ativa e empatia. A habilidade de ouvir ativamente e se colocar no lugar do outro é crucial. Isso facilita a compreensão das perspectivas alheias e ajuda a construir confiança.

— Entendi. Então, ouvir e entender o outro é o primeiro passo.

— Exatamente. O próximo princípio é a comunicação clara e assertiva. É essencial expressar claramente suas necessidades e expectativas, ao mesmo tempo em que se mantém aberta para entender as do outro. A assertividade, acompanhada de respeito e diplomacia, fortalece sua posição sem desvalorizar a do interlocutor.

— Ser clara e assertiva, sem ser agressiva. Parece um equilíbrio delicado.

— Sim, mas é um equilíbrio que você pode aprender. Outro ponto importante é a flexibilidade e criatividade. A capacidade de adaptar-se e pensar fora da caixa é fundamental. Buscar soluções criativas e alternativas pode ser a chave para superar impasses e encontrar um terreno comum.

— Então, ser flexível e criativa pode ajudar a encontrar soluções que beneficiem ambas as partes.

— Exatamente. Além disso, estratégia e preparação são

indispensáveis. Conhecer profundamente seus objetivos, bem como os da outra parte, permite antecipar cenários e planejar abordagens eficazes.

— Preparação é fundamental. Faz sentido. E quanto à ética na negociação?

— A integridade e ética são vitais. Manter um alto padrão de integridade e conduzir negociações de forma ética não apenas garante a sustentabilidade dos acordos, mas também preserva a reputação e os relacionamentos a longo prazo. Recorde-se do ensinamento de Eclesiastes 5:19, que nos lembra da importância de agir com gratidão e responsabilidade: "e a todo o homem, a quem Deus deu riquezas e bens, e lhe deu poder para delas comer e tomar a sua porção, e gozar do seu trabalho, isto é dom de Deus". Isso foi algo que meu pai me ensinou. Ele era um grande vendedor de lotes de terreno e, por meio de sua integridade e ética, conquistou a confiança de diversas famílias ao longo de três gerações. Meu pai vendeu terrenos ao avô, que recomendou ao filho, e este, por sua vez, indicou ao neto.

A prudência de poupar para tempos difíceis

Junior e Sarah estão sentados em uma varanda, observando o pôr do sol. A conversa se aprofunda na importância de poupar e se preparar para tempos difíceis.

— Junior, ultimamente tenho pensado muito sobre a importância de estar preparada para o futuro. Especialmente depois de tudo que conversamos sobre valor e propósito. Como posso garantir uma estabilidade financeira em tempos de crise?

— Essa é uma excelente reflexão, Sarah. Dentro do contexto de autogestão, a gestão financeira é crucial. A capacidade de administrar seus recursos não é apenas uma habilidade prática, mas também uma expressão de autoconhecimento e responsabilidade. É importante trabalhar não apenas para atender às necessidades imediatas, mas também para poupar, antecipando possíveis adversidades. Vamos começar pela necessidade da reserva financeira. A vida é imprevisível e pode nos surpreender com desafios inesperados, como desemprego, doença ou recessões econômicas. Ter uma reserva financeira significa possuir um recurso para recorrer em momentos de necessidade, sem precisar comprometer drasticamente seu padrão de vida ou incorrer em dívidas.

— Certo. Mas quanto devo poupar?

— Uma boa regra é ter uma reserva que cubra pelo menos seis meses de suas despesas básicas. Isso pode variar dependendo da sua situação pessoal, mas é um bom ponto de partida. Pense nisso como uma forma de garantir sua segurança e tranquilidade.

— E como posso me motivar a poupar regularmente?

— Deixe-me contar uma história que ilustra bem essa importância: a fábula da cigarra e da formiga. Durante o verão, a cigarra cantava despreocupadamente, enquanto a formiga trabalhava arduamente para coletar e armazenar alimento. Quando o inverno chegou, a cigarra, sem reservas, encontrou-se em uma situação desesperadora, enquanto a formiga desfrutava do conforto e segurança proporcionados por sua previdência.

— Lembro dessa fábula. É uma lição poderosa sobre prudência e planejamento.

— Exatamente. A formiga simboliza a virtude da autogestão financeira, mostrando que o esforço e a poupança de hoje são a garantia do bem-estar de amanhã. Assim, ao adotarmos uma postura de prudência e previsão, fortalecemos nossa capacidade de enfrentar os desafios que o futuro pode reservar. A poupança se revela não apenas como uma prática financeira, mas como uma expressão de sabedoria e cuidado com nosso próprio bem-estar e o de nossas famílias. Pense nisso como um pilar de estabilidade em sua vida.

A disciplina do controle de custos

Junior e Sarah estão em uma cozinha aconchegante, preparando uma refeição juntos. A conversa se volta para a importância do controle de custos na gestão financeira.

— Junior, estou me sentindo mais confiante sobre poupar para o futuro, mas ainda luto para manter meus gastos sob controle. Você pode me ajudar a entender melhor como exercer essa disciplina?

— Claro, Sarah. Na jornada de autogestão, a gestão financeira pessoal é uma das áreas mais desafiadoras, mas também uma das mais recompensadoras. Muitos enfrentam dificuldades para poupar, não por falta de renda, mas por falta de controle sobre seus gastos. A disciplina é fundamental aqui.

— Às vezes, parece que meus gastos simplesmente escapam do controle. Como posso começar a mudar isso?

— Primeiro, é importante reconhecer que, se você não consegue guardar dinheiro, é provável que seus custos estejam excedendo o razoável. Isso pode ser devido a despesas impulsivas, falta de planejamento orçamentário ou o hábito de viver acima de suas possibilidades. Controlar seus custos não significa privar-se de tudo que traz alegria, mas sim fazer escolhas conscientes sobre onde e como seu dinheiro é gasto.

— Então, preciso ser mais consciente sobre meus gastos. Mas como faço isso na prática?

— Um bom começo é criar e seguir um orçamento que esteja alinhado com suas metas de longo prazo. Isso envolve priorizar despesas essenciais, definir limites para gastos variáveis e evitar dívidas desnecessárias. Estabelecendo esses limites, você cria um espaço dentro do seu orçamento para a poupança, tornando-a uma parte integrante das suas finanças.

— Mas como posso manter a disciplina necessária para seguir o orçamento?

— A autodisciplina financeira está intrinsecamente ligada à autodisciplina em outras áreas da vida. A capacidade de adiar a gratificação imediata em favor de benefícios futuros é essencial para o sucesso a longo prazo. Ao exercitar essa disciplina, você não só melhora sua saúde financeira, mas também fortalece sua força de vontade e determinação em outros aspectos da autogestão.

— Isso faz sentido. Mas às vezes é tão difícil resistir à tentação de gastar...

— Lembre-se das palavras em Provérbios 21:5: "os pensamentos do diligente tendem só para a abundância, porém os de todo apressado, tão somente para a pobreza". Esse versículo enfatiza a importância da diligência e do planejamento cuidadoso na gestão de recursos. Prosperidade é frequentemente o resultado de uma abordagem ponderada e disciplinada para as finanças. A autogestão financeira e a capacidade de poupar dinheiro são diretamente influenciadas pela disciplina no controle de custos. Cada escolha consciente sobre como gastar seu dinheiro é um passo em direção a um futuro mais estável e próspero. Lembre-se, Sarah, a disciplina financeira envolve pequenas mudanças diárias que, ao longo do tempo, fazem uma grande diferença.

— Esse sacrifício é recompensador?

— Gosto muito de uma frase que diz: "o sacrifício é temporário, mas a recompensa é permanente". Chamar o controle financeiro de "gestão de sacrifícios e recompensas" pode ser uma maneira criativa e metafórica de abordar o conceito, especialmente se o objetivo for destacar o equilíbrio entre as decisões difíceis, que são os sacrifícios, e os benefícios, que são as recompensas, obtidos no processo de administração financeira. Cortar gastos, poupar em vez de gastar ou adiar gratificações imediatas pensando em objetivos de longo prazo são algumas decisões difíceis que tomamos para manter as nossas finanças em ordem e pode nos levar a aumentar os nossos investimentos, realizar nossas metas e ter liberdade de não termos dívidas no futuro. O "não" de hoje nos leva às recompensas de amanhã.

Refletindo sobre o futuro

Junior e Sarah estão sentados em um banco no parque, observando as crianças brincando ao longe. A conversa se volta para a importância de pensar no futuro e evitar a armadilha do imediatismo.

— Junior, estou começando a perceber como muitas das minhas decisões são impulsivas e focadas no presente. Como posso aprender a pensar mais no futuro?

— É um ótimo ponto de reflexão, Sarah. No ritmo acelerado da vida moderna, é fácil cair na armadilha do imediatismo, buscando satisfação instantânea sem considerar as consequências futuras. Pensar no futuro é um ato de responsabilidade para consigo mesma e com os outros. O imediatismo, ou a tendência de priorizar gratificações instantâneas em detrimento de objetivos de longo prazo, pode levar a decisões impulsivas e pouco ponderadas. Isso pode trazer uma satisfação momentânea, mas muitas vezes resulta em arrependimentos e dificuldades no futuro. Por exemplo, fazer uma compra por impulso pode proporcionar uma alegria passageira, mas comprometer sua capacidade de poupar para metas mais significativas, como a compra de uma casa ou a uma aposentadoria confortável, algo que perdure.

— Entendo. Então, como posso começar a pensar mais no futuro e menos no agora?

— Pensar no futuro envolve planejar e tomar decisões que podem não trazer recompensas imediatas, mas que contribuem para a realização de objetivos mais amplos e sustentáveis. Isso requer disciplina, paciência e uma visão de longo prazo. Ao adotar essa perspectiva, você se torna mais consciente das implicações de suas escolhas e mais propensa a agir de maneira responsável e ponderada.

Após uma pausa, continuo:

— Pensar no futuro é essencial, pois nos ajuda a estabelecer metas e direcionar nossos esforços. No entanto, o único momento real para agir é o agora. O futuro que desejamos não acontece por acaso; ele é construído com as ações que tomamos no presente. Se você adiar constantemente suas decisões e atitudes, o futuro que planejou jamais se concretizará. Sonhos sem ação permanecem apenas como ideias, enquanto pequenos passos diários têm o poder de transformar sua realidade. Portanto, não espere as "condições perfeitas" para agir, pois elas podem nunca chegar. O progresso acontece quando nos comprometemos com o presente, tomando iniciativas, ajustando rotas e evoluindo continuamente. O amanhã que você deseja depende do que você faz hoje.

— Mas isso não é só sobre mim, certo? Também tem a ver com o impacto que minhas ações têm sobre os outros.

— Exatamente. Pensar no futuro não significa apenas considerar suas próprias necessidades e desejos, mas também levar em conta o impacto de suas ações nos outros e no mundo ao seu redor. Isso inclui práticas sustentáveis que preservam recursos para as gerações futuras e ações que promovam o bem-estar coletivo.

— Isso me lembra de um versículo da Bíblia. Provérbios 13:22: "o homem de bem deixa uma herança aos filhos de seus filhos, mas a riqueza do pecador é depositada para o justo".

— Esse versículo enfatiza a importância de construir um legado e agir de forma justa e prudente, pensando nas consequências de longo prazo de nossas ações. Ao resistir à tentação do imediatismo e adotar uma visão de longo prazo, você pode tomar decisões mais sábias que a conduzirão a um futuro mais próspero e satisfatório. As escolhas que fazemos hoje moldam o mundo em que viveremos amanhã.

Repensando hábitos

Junior e Sarah estão sentados em um café tranquilo, observando as pessoas passarem enquanto conversam sobre hábitos de vida e finanças pessoais.

— Junior, percebo que alguns dos meus hábitos diários podem estar me impedindo de alcançar os meus objetivos. O que você acha?

— É ótimo que você esteja refletindo sobre isso, Sarah. Em um mundo cheio de tentações cotidianas, como cigarro, bebidas alcoólicas, pizzas e frituras, é fácil cair na rotina de indulgências que oferecem prazer imediato, mas têm impactos negativos tanto na saúde quanto nas finanças a longo prazo.

— É verdade. Às vezes, acabo gastando mais do que deveria com essas indulgências. Mas como posso começar a repensar esses hábitos?

— Vamos começar pelos benefícios para a saúde. Reduzir ou eliminar o consumo de cigarros e bebidas alcoólicas tem benefícios inegáveis. O cigarro é um dos principais causadores de doenças cardíacas, câncer de pulmão e outros problemas respiratórios. As bebidas alcoólicas podem levar ao desenvolvimento de doenças hepáticas e aumentar o risco de acidentes. Abandonar ou diminuir esses hábitos melhora sua qualidade de vida e reduz os riscos à saúde. Substituir alimentos ricos em gorduras e açúcares, como pizzas e frituras, por opções mais saudáveis pode contribuir para a manutenção de um peso saudável, prevenção de doenças crônicas e aumento da energia e bem-estar geral. Reduzir o consumo de cafezinho, especialmente se adoçado com açúcar, também pode ter impactos positivos.

— Então, ao adotar hábitos mais saudáveis, estou cuidando do meu corpo e, ao mesmo tempo, economizando dinheiro?

— Exatamente. O impacto financeiro dessas mudanças pode ser significativo. O custo acumulado do consumo regular de cigarros, bebidas alcoólicas, pizzas, frituras e cafezinhos pode ser surpreendentemente alto. Ao cortar ou reduzir esses gastos, você libera uma parcela do seu orçamento que pode ser direcionada para investimentos financeiros.

— Você pode me dar um exemplo concreto?

— Claro. Imagine que você gaste em média trezentos reais por mês com esses itens. Ao longo de um ano, isso equivale a 3.600 reais. Se você investisse esse valor anualmente em uma aplicação com um retorno conservador de 5% ao ano, em dez anos, você teria acumulado mais de 44 mil reais! Essa quantia poderia ser usada para objetivos importantes, como a entrada em um imóvel, uma viagem dos sonhos ou até mesmo uma aposentadoria mais confortável.

— Parece uma oportunidade de ouro para melhorar minha saúde e minhas finanças.

— Exatamente. **Saúde e prosperidade financeira** andam de mãos dadas. Repensar o consumo de cigarros, bebidas alcoólicas, alimentos não saudáveis e cafezinhos não é apenas uma questão de saúde, mas também uma oportunidade de fortalecer sua situação financeira. Ao adotar hábitos mais saudáveis e direcionar os recursos economizados para investimentos, você melhora sua qualidade de vida e constrói um futuro mais próspero e seguro.

A mágica do tempo e dos juros compostos

Junior e Sarah estão sentados em um deck ao lado de um lago tranquilo. Eles apreciam a vista enquanto discutem estratégias para acumulação de riqueza.

— Junior, cada vez mais entendo a importância de poupar e investir para o futuro. Mas ouvi falar muito sobre juros compostos e como eles podem ajudar na acumulação de riqueza. Você pode me explicar como isso funciona?

— Claro, Sarah. Em um mundo onde a busca por gratificação imediata muitas vezes ofusca a visão do longo prazo, a compreensão da mágica do tempo e dos juros compostos é fundamental. Essa combinação poderosa é um princípio essencial para a construção de patrimônio. O tempo é um dos maiores aliados na jornada de acumulação de riqueza. Quanto mais cedo você começar a economizar e investir, mais tempo seu dinheiro terá para crescer. A paciência e a disciplina para manter o foco no longo prazo são essenciais, pois é ao longo de anos, ou até décadas, que o verdadeiro potencial do crescimento exponencial do seu capital se revela.

— E como exatamente funcionam os juros compostos?

— Os juros compostos são frequentemente descritos como a "oitava maravilha do mundo" devido à sua capacidade de multiplicar o dinheiro de forma impressionante. Eles funcionam de maneira que os juros gerados pelo seu investimento são reinvestidos, gerando novos juros sobre os juros. Com o passar do tempo, esse processo de acumulação cria um efeito bola de neve, em que o crescimento do seu capital se acelera exponencialmente.

— Parece incrível, mas como isso se aplica na prática?

— Vamos considerar um exemplo simples. Imagine que você economize quinhentos reais por mês, começando aos 25 anos, e invista esse valor em um fundo que ofereça uma taxa de retorno média anual de 7%. Ao chegar aos 65 anos, você terá contribuído com 240 mil reais, mas graças aos juros compostos, o valor acumulado será de aproximadamente 1,2 milhão de reais. É essa capacidade de transformar uma economia modesta em um montante significativo que torna os juros compostos uma ferramenta tão poderosa. A disciplina da economia regular é essencial. Mesmo que você não consiga poupar grandes quantias, a consistência de economizar e investir um valor fixo mensalmente pode levar a resultados surpreendentes a longo prazo. O importante é começar o quanto antes e manter a regularidade dos aportes.

— E a paciência também é fundamental, certo?

— Exatamente, Sarah. A magia da paciência e do investimento inteligente é o que permite que os juros compostos trabalhem a seu favor. Com paciência, disciplina e uma estratégia de investimento sólida, é possível transformar economias modestas em verdadeiras fortunas. A riqueza não é tanto sobre quanto você ganha, mas sim sobre quanto você economiza e como permite que esse dinheiro cresça ao longo do tempo.

A jornada financeira

Junior e Sarah estão sentados em um café ao ar livre, com uma bela vista da cidade. Eles discutem as fases da jornada financeira e a transição para fazer o dinheiro trabalhar por você.

— Junior, tenho aprendido tanto com nossas conversas. Uma coisa que ainda me intriga é como realmente fazer o dinheiro trabalhar por mim. Você pode explicar isso melhor?

— Na trajetória da vida financeira, muitos iniciam seu percurso trabalhando arduamente em troca de dinheiro. Esse é um caminho comum e necessário para construir uma base econômica sólida. No entanto, a verdadeira maestria financeira é alcançada quando se transcende essa fase inicial e se entra no estágio onde o dinheiro passa a trabalhar por você.

— Então, o que significa trabalhar por dinheiro?

— Trabalhar por dinheiro é o ponto de partida para a maioria. Nesta etapa, você se esforça diretamente para ganhar um salário ou renda, que é utilizado para atender às necessidades básicas e desejos. Embora necessário, esse modo de vida tem suas limitações. O tempo e a energia são recursos finitos, e por mais que se trabalhe, há um limite para o quanto se pode ganhar dessa maneira. Além disso, essa dependência do trabalho contínuo para a obtenção de recursos financeiros pode gerar uma sensação de insegurança e falta de liberdade.

— Entendo. E como faço a transição para fazer o dinheiro trabalhar por mim?

— A transição para fazer o dinheiro trabalhar por você é um processo que requer visão, planejamento e disciplina. Ela começa com a economia e o investimento inteligente da renda obtida através do trabalho. O objetivo é acumular ativos que gerem renda passiva, ou seja, rendimentos que não dependem do seu esforço direto. Esses ativos podem incluir investimentos em ações, imóveis, fundos de renda fixa, entre outros.

— Como os juros compostos entram nesse processo?

— A mágica dessa fase reside nos juros compostos, que permitem que seu dinheiro cresça exponencialmente ao longo do tempo. À medida que seus investimentos geram lucros, esses lucros são reinvestidos, criando um ciclo virtuoso de crescimento financeiro. Eventualmente, a renda passiva gerada por esses ativos pode superar a renda ativa do trabalho, permitindo uma maior liberdade e independência financeira.

— Isso parece incrível. Como os especialistas veem isso?

— Os indivíduos verdadeiramente prósperos compreendem a importância de fazer o dinheiro trabalhar por eles. Eles sabem que a riqueza sustentável não é construída simplesmente trabalhando por dinheiro, mas sim através do cultivo de ativos que continuam a gerar renda mesmo quando não estão trabalhando ativamente. Essa é a essência da liberdade financeira: a capacidade de viver a vida nos seus próprios termos, sem a obrigação constante de trocar tempo por dinheiro. Em última análise, a questão de trabalhar por dinheiro ou fazer o dinheiro trabalhar por você é uma escolha de vida. Enquanto a maioria começa a vida trabalhando por dinheiro, aqueles que aspiram à verdadeira liberdade financeira se esforçam para alcançar o estágio em que o dinheiro trabalha por eles. Essa transição não é fácil e requer comprometimento, mas os frutos dessa jornada, autonomia, segurança e a realização de sonhos, são imensuráveis.

ATIVOS E PASSIVOS

Junior e Sarah estão sentados em uma sala de estar aconchegante, com uma lareira acesa ao fundo. Eles discutem conceitos financeiros importantes para alcançar a liberdade financeira.

— Junior, estou começando a entender melhor a importância de investir e poupar. Mas ainda me sinto um pouco confusa sobre a diferença entre ativos e passivos. Você pode me explicar de uma forma simples?

— Claro, Sarah. Na jornada rumo à liberdade financeira, é essencial entender a diferença entre ativos financeiros e passivos financeiros. Essas duas condições financeiras determinam em grande medida a saúde e o crescimento do seu patrimônio, bem como a sua capacidade de gerar renda passiva e alcançar a independência financeira.

— Então, o que exatamente é um ativo financeiro?

— Um ativo financeiro é qualquer recurso que coloca dinheiro no seu bolso, ou seja, que gera renda. Exemplos de ativos financeiros incluem investimentos em ações, imóveis que produzem aluguel, títulos de renda fixa, participações em negócios lucrativos, entre outros. O aspecto mais importante de um ativo é a sua capacidade de gerar fluxo de caixa positivo sem a necessidade de trabalho ativo constante. Em contraste, um passivo financeiro é algo que gera despesas e retira dinheiro do seu bolso. Passivos financeiros incluem dívidas, empréstimos, hipotecas, despesas recorrentes de manutenção e qualquer outro compromisso financeiro que requer pagamentos regulares. Embora alguns passivos possam ser necessários, como um empréstimo para a compra de uma casa, o excesso de passivos pode comprometer sua saúde financeira e limitar sua capacidade de investir em ativos.

— Faz sentido. Então, passivos são as despesas e dívidas que consomem meus recursos. Como posso equilibrar isso?

— A chave para gerenciar passivos é garantir que eles sejam sustentáveis e que não prejudiquem sua capacidade de acumular e crescer seu patrimônio. Isso pode envolver a renegociação de dívidas, a redução de despesas desnecessárias e o planejamento cuidadoso para evitar a acumulação de novos passivos.

— Como posso aumentar meus ativos enquanto gerencio meus passivos?

— Investir em ativos financeiros é a chave para construir riqueza e alcançar a liberdade financeira. Por exemplo, se você investir regularmente em um fundo de ações que paga dividendos, esses serão rendimentos que você recebe sem trabalho adicional. Ao equilibrar essas duas condições financeiras de maneira eficaz, você estará no caminho certo para construir um futuro financeiro sólido e alcançar a liberdade financeira. Lembre-se de que o poder dos ativos financeiros reside na sua capacidade de fazer o dinheiro trabalhar para você, enquanto a gestão cuidadosa dos passivos evita que eles comprometam sua prosperidade.

Superando a complacência para alcançar o sucesso

Junior e Sarah estão sentados à beira de um rio, aproveitando a tranquilidade da natureza. Eles discutem a importância de superar a complacência e buscar novos horizontes de sucesso.

— Junior, recentemente ouvi sobre a parábola da vaca no penhasco e fiquei curiosa sobre sua mensagem. Você pode me explicar o que essa história nos ensina?

— Claro, Sarah. Na narrativa, uma família depende exclusivamente de uma vaca que lhes fornece alimento. Por anos, esse único recurso parece ser suficiente, mantendo-os satisfeitos e seguros em sua zona de conforto. No entanto, um dia, a vaca cai do penhasco, deixando a família desamparada e sem sua fonte de sustento.

— Isso deve ter sido devastador para eles. Como a família lidou com essa perda?

— A princípio, a perda da vaca é recebida com desespero e lamentação. A família se encontra diante de um desafio desconhecido, forçada a confrontar a incerteza de um futuro sem a segurança que a vaca proporcionava. É nesse momento crítico que ocorre um despertar. A necessidade aguça o instinto de sobrevivência e impulsiona a família a buscar alternativas para garantir sua subsistência.

— Então, a adversidade os forçou a explorar novas possibilidades?

— Exatamente. Com o tempo, a família começa a explorar diversas atividades que antes estavam fora de seu escopo. Eles se aventuram em novos empreendimentos, desenvolvem habilidades que estavam adormecidas e descobrem novas fontes de renda. Essa diversificação não apenas garante sua sobrevivência, mas também leva a um sucesso e prosperidade muito maiores do que os proporcionados pela vaca. O que a princípio parecia ser uma tragédia se revela como o catalisador para uma vida mais plena e gratificante. A perda da vaca simboliza a ruptura com o conforto do conhecido, impelindo a família a expandir seus horizontes e a buscar o seu verdadeiro potencial. Ao nos abrirmos para novas experiências e nos adaptarmos às mudanças, transcendemos nossas limitações anteriores para alcançar um sucesso que antes parecia inatingível. A história da vaca no penhasco é um convite para refletir sobre como transformar os desafios em oportunidades de crescimento e prosperidade.

O planejamento financeiro

Junior e Sarah estão sentados em um parque tranquilo, aproveitando a brisa suave enquanto discutem o planejamento financeiro e a importância de definir metas claras.

— Junior, tenho aprendido tanto com você sobre autogestão financeira. Agora estou pronta para planejar melhor meu futuro financeiro. Como devo começar?

— O planejamento financeiro é um componente vital da autogestão financeira. Envolve estabelecer metas claras, avaliar os recursos disponíveis e implementar estratégias para garantir uma vida financeira equilibrada e próspera. Vamos começar com algumas perguntas essenciais: "quanto consigo guardar nesse primeiro ano?", "quanto terei no ano que vem e o que poderei melhorar para poupar mais?" e "quanto dinheiro poderei ter quando eu estiver aposentado?".

— Isso faz sentido. Então, por onde começar?

— O primeiro passo é determinar quanto você pode poupar no primeiro ano. Isso requer uma análise detalhada de suas receitas e despesas para identificar oportunidades de economia. Uma vez estabelecida uma meta de poupança realista, é crucial adotar uma abordagem disciplinada, reservando uma quantia fixa mensalmente. Esse valor deve ser tratado como uma despesa não negociável, garantindo que seja poupado antes de considerar gastos não essenciais. Ao final do primeiro ano, é importante revisar seu progresso e ajustar seu plano conforme necessário. Avalie quanto você conseguiu poupar e como esse montante pode ser otimizado no ano seguinte. Pode ser necessário cortar despesas adicionais, buscar fontes alternativas de renda ou revisar seus investimentos para maximizar os retornos. O objetivo é estabelecer metas de poupança progressivamente mais ambiciosas, sempre alinhadas com suas capacidades e objetivos financeiros.

— Entendi. E quanto ao planejamento para a aposentadoria?

— Quando se trata de planejar para a aposentadoria, é crucial começar o quanto antes. Utilize ferramentas de projeção financeira para estimar quanto você precisará economizar para manter seu estilo de vida desejado depois que se aposentar. Considere fatores como a expectativa de vida, a inflação e o retorno esperado dos investimentos. Ao estabelecer um plano de poupança e investimento de longo prazo, você pode garantir que terá recursos suficientes para uma aposentadoria confortável e segura.

— Então, a chave é começar cedo e ser consistente.

— Exatamente. O planejamento financeiro é a espinha dorsal da autogestão financeira. Ao estabelecer metas claras, monitorar seu progresso e ajustar suas estratégias conforme necessário, você pode construir uma base sólida para o seu futuro financeiro. Lembre-se de que a disciplina e a consistência são suas maiores aliadas nessa jornada.

A importância do controle financeiro

Junior e Sarah estão no escritório de casa, com papéis e planilhas espalhados pela mesa. Eles discutem a importância de manter um controle rigoroso das finanças pessoais.

— Junior, estou cada vez mais comprometida com meu planejamento financeiro. Mas sei que o controle financeiro é fundamental para garantir que estou no caminho certo.

— O controle financeiro é um pilar essencial da autogestão financeira. Ele atua como um farol que guia suas decisões econômicas e assegura que você permaneça no curso estabelecido pelo seu planejamento. Isso envolve o monitoramento rigoroso de suas receitas e despesas, comparando-as constantemente com as metas e objetivos previamente definidos.

— Então, não se trata apenas de registrar números?

— Exatamente. O controle financeiro não é apenas sobre registrar números; é uma ferramenta de direção que indica se você está alcançando o desejado. Se não estiver, permite que você faça correções em tempo hábil. O cerne do controle financeiro reside na comparação entre o que foi planejado e o que está sendo efetivamente realizado. *(Lembre-se do capítulo da autoavaliação.)*

— Como essa comparação me ajuda no dia a dia?

— Essa análise contínua permite identificar desvios do plano original e entender suas causas. Talvez você esteja gastando mais do que o previsto em categorias não essenciais, ou talvez

FINANÇAS EM ORDEM NÃO SÃO APENAS NÚMEROS EQUILIBRADOS. SÃO ESCOLHAS CONSCIENTES QUE LIBERTAM.

@junior.campos.prado
Kaizen para grandes conquistas

sua receita tenha sido menor do que o esperado. O controle financeiro proporciona a visibilidade necessária para ajustar suas ações e equilibrar seu orçamento. Uma das maiores vantagens do controle financeiro é a capacidade de fazer correções durante o período, em vez de esperar o tempo passar para descobrir que algo saiu errado. Isso significa que, se você perceber que está gastando demais em uma determinada área, pode imediatamente cortar despesas ou buscar formas alternativas de aumentar sua renda. Essa abordagem proativa evita que pequenos desvios se acumulem e se tornem problemas maiores no futuro.

— Parece prático. Quais ferramentas posso usar para implementar esse controle?

— Para implementar efetivamente o controle financeiro, é fundamental utilizar ferramentas adequadas, como planilhas financeiras, aplicativos de orçamento ou sistemas de contabilidade pessoal. Registre todas as suas transações financeiras e categorize-as de acordo com seu plano de orçamento. Reserve um tempo regularmente, seja semanal ou mensal, para revisar seus registros e compará-los com suas metas financeiras. Esse processo proporciona a clareza e a orientação necessárias para garantir que suas ações financeiras estejam alinhadas com seus objetivos de longo prazo. Ao manter um controle rigoroso sobre suas finanças, você se capacita a navegar com confiança rumo à estabilidade e à prosperidade financeira, fazendo ajustes conforme necessário para manter seu orçamento no caminho certo.

PARTE 3

Ação

As zonas da autorrealização

Nos capítulos anteriores, exploramos os poderes essenciais que sustentam uma vida equilibrada e bem-sucedida por meio da autogestão: o autoconhecimento, a autoliderança, a autodisciplina, a responsabilidade, a autoavaliação, a espiritualidade e a gestão financeira. Cada um desses pilares nos fornece as ferramentas e a mentalidade necessárias para alcançar o equilíbrio e a harmonia em nossas vidas cotidianas, dentro do conceito do Kaizen. Mas como esses poderes interagem para nos guiar rumo à verdadeira autorrealização e paz interior?

Para responder a essa pergunta, precisamos entender como aplicar esses conceitos em diferentes dimensões da vida, durante as chamadas **zonas de autorrealização**.

Assim como os poderes discutidos anteriormente, as zonas da autorrealização não são estáticas, mas dinâmicas e interdependentes, e ao mesmo tempo evolutivas. Elas requerem atenção constante e seu exercício é capaz de nos levar à verdadeira satisfação e bem-estar. Um exemplo prático disso é a jornada de Clara, uma pessoa que, ao longo do tempo, precisou aprender a equilibrar suas necessidades físicas, emocionais, intelectuais e espirituais para encontrar felicidade, propósito e seu eu consciente. Ao compartilhar a experiência de minha amiga e as nossas conversas sobre como aplicar os princípios do Kaizen em sua vida, espero tornar mais acessível o processo para que você ponha igualmente esses conceitos em prática.

Em um certo domingo de manhã, encontrei Clara. Ela me seguia nas redes sociais e sempre curtia e comentava meus vídeos sobre autoconfiança e maneiras de alcançar uma vida plena e feliz. Assim, nos tornamos amigos. Naquele dia, ela estava visivelmente cansada, com um olhar triste. Decidimos caminhar juntos por algum tempo, durante o qual tivemos uma conversa sincera sobre suas dificuldades e sua busca por felicidade.

— Clara, é ótimo te ver! Como você está? — perguntei.

— Estou exausta, sabe? Sinto que estou sempre correndo atrás de algo, mas nunca consigo encontrar a felicidade verdadeira. Estou insatisfeita com meu trabalho, minha vida pessoal... tudo parece fora de lugar — ela suspirou.

— Entendo, Clara. Às vezes, parece que a vida nos sobrecarrega, e é difícil encontrar um equilíbrio. Mas saiba que você não está sozinha. Já pensou em seguir os nove passos da hierarquia das necessidades para alcançar felicidade, paz interior e autorrealização? — sugeri.

— Nove passos? O que você quer dizer com isso? — ela perguntou, curiosa.

Expliquei que havia desenvolvido um guia baseado na hierarquia de necessidades humanas de Abraham Maslow, um renomado psicólogo que estudou as motivações humanas.[1] Sua teoria sugere que as pessoas precisam satisfazer necessidades básicas, como alimentação e segurança, antes de buscar realizações mais elevadas, como a autorrealização. Esses passos vão desde a satisfação dessas necessidades até a contribuição significativa para a sociedade.

Vamos falar sobre cada um deles.

1. ZONA DA FOME: NECESSIDADE DE SOBREVIVÊNCIA

— Clara, como está sua saúde física? Você tem cuidado do seu corpo? — perguntei.

— Não muito bem. Tenho dificuldade em manter uma alimentação equilibrada e mal encontro tempo para dormir direito — ela admitiu.

A saúde física é a base de tudo. Pense na respiração e na

---

[1] Pirâmide de Maslow: o que é, para que serve e exemplos. *Significados*. Disponível em: https://www.significados.com.br/piramide-de-maslow/. Acesso em: 23 mar. 2025.

alimentação como os alicerces da sua vida. Técnicas de respiração, como as praticadas na ioga, podem elevar significativamente seu bem-estar. Uma dieta balanceada, rica em nutrientes e com mínima ingestão de alimentos processados, é essencial. Além disso, a hidratação adequada e a prática regular de exercícios são cruciais para uma vida saudável e longeva.

— Faz sentido. Preciso mesmo cuidar melhor de mim — Clara concordou.

TUDO O QUE VOCÊ FAZ PARA MANTER-SE VIVO É O ALICERCE DA SUA EXISTÊNCIA. AO SUPRIR SUAS NECESSIDADES BÁSICAS DE ALIMENTAÇÃO, ABRIGO E SEGURANÇA, VOCÊ CONSTRÓI UMA BASE SÓLIDA PARA UM FUTURO PLENO E REALIZADO.

@junior.campos.prado
Kaizen para grandes conquistas

Relato pessoal

Há um momento em nossas vidas em que percebemos a necessidade de crescer como indivíduos, deixando de depender financeiramente da família e começando a pensar em nossa própria sobrevivência. Até me formar na universidade, não causei muitas despesas aos meus pais, pois estudei em escolas públicas todo o ensino infantil e fundamental, e me graduei em engenharia civil na USP, uma universidade pública. Durante esse período, morei em uma república nos fundos de uma casa na cidade de São Carlos, o que também ajudou a reduzir os custos.

No entanto, após a formatura, comecei a entender profundamente a importância de me sustentar. Minhas prioridades passaram a ser garantir uma alimentação adequada, encontrar um lugar para morar e estabelecer uma reserva financeira mínima para minha segurança. Essa fase representou a transição para a vida adulta, onde as responsabilidades aumentaram significativamente.

Focar essas necessidades básicas me ajudou a estabelecer uma base sólida para minha vida adulta. Esse processo de amadurecimento foi o início de uma vida independente e sustentável, onde cada conquista e desafio enfrentado reforçaram minha capacidade de autogestão e resiliência.

2. ZONA DO RELACIONAMENTO: NECESSIDADE DE CONEXÕES

— E sua vida social? Como estão suas conexões com as pessoas ao seu redor? — perguntei.

— Sinto que minhas amizades e relações familiares poderiam ser melhores. Parece que estou sempre distante — confessou.

— O ser humano é, por natureza, social. Conexões genuínas são vitais para nosso bem-estar emocional. Cultivar relacionamentos amorosos, amizades verdadeiras e laços familiares fortes nos oferece um senso de pertencimento e segurança emocional.

— Tenho sentido falta dessa conexão. Vou trabalhar nisso — Clara decidiu.

SENTIR AMOR FORTALECE OS LAÇOS QUE DÃO SENTIDO À VIDA, NUTRINDO RELACIONAMENTOS SIGNIFICATIVOS E ENCHENDO SEU MUNDO DE PROPÓSITO E ALEGRIA.

@junior.campos.prado
Kaizen para grandes conquistas

Relato pessoal

No início da minha vida, meus relacionamentos se limitavam à minha família, a alguns poucos amigos da escola e aos colegas da academia de judô. Até a vida adulta universitária, fui muito tímido e introvertido, falando pouco e sentindo vergonha, e até mesmo um certo medo, do sexo oposto. No entanto, com a necessidade de autoafirmação e a chegada da autoconfiança durante o período da faculdade, comecei a me relacionar mais, percebendo a importância do contato humano, das conexões e dos relacionamentos amorosos.

Na vida profissional, com o tempo, fui me soltando cada vez mais. À medida que interagia com colegas, superiores e clientes, aprendi a valorizar o poder das boas relações. Hoje, tenho certeza de que todos os acontecimentos importantes da minha vida foram fruto de relacionamentos saudáveis e significativos, baseados no amor ao próximo.

Essas conexões foram essenciais não apenas para meu crescimento pessoal, mas também para meu desenvolvimento profissional. A habilidade de me comunicar eficazmente, de me conectar emocionalmente com as pessoas e de cultivar relações de confiança e respeito foi fundamental para minha carreira. Cada oportunidade, sucesso e aprendizado vieram através de pessoas que cruzaram meu caminho e com quem estabeleci laços sólidos.

Sair da minha zona de conforto e enfrentar minha timidez inicial foi crucial para essa transformação. Aprendi que os relacionamentos não são apenas uma parte da vida, mas um elemento central para o bem-estar e a realização. Hoje, valorizo profundamente cada interação, entendendo que o verdadeiro crescimento vem do compartilhamento de experiências, do apoio mútuo e do amor genuíno pelo próximo.

3. ZONA DO SIGNIFICADO: NECESSIDADE DE AUTOESTIMA

— E sobre a sua autoestima? Você se sente valorizada e respeitada? — perguntei.

— Na verdade, não. Muitas vezes, sinto que não sou boa o suficiente — ela respondeu.

— O reconhecimento e o respeito por si mesma são fundamentais para a autorrealização. Ser valorizada e respeitada pelos outros impulsiona nossa autoestima. Além disso, entender e valorizar suas próprias qualidades e esforços fortalece a autoconfiança. Descobrir um propósito de vida direciona nossas ações e nos traz uma profunda satisfação.

— Isso ressoa muito comigo. Preciso encontrar meu propósito — Clara refletiu.

SENTIR VALOR REFLETE A IMPORTÂNCIA QUE VOCÊ DÁ A SI MESMO, RECONHECENDO SUAS QUALIDADES E CONQUISTAS, FORTALECENDO SUA AUTOESTIMA.

@junior.campos.prado
Kaizen para grandes conquistas

Relato pessoal

A prática de artes marciais foi o ponto de partida para que eu me sentisse confiante e seguro de mim mesmo, representando o primeiro passo significativo para o desenvolvimento da minha autoestima. No entanto, foi no âmbito profissional que realmente percebi e desenvolvi minha capacidade de ser útil tanto a mim quanto aos outros. A grande virada na minha vida ocorreu após alguns anos de experiência na vida profissional, quando me senti apto a produzir e fazer algo inovador que desse sentido ao meu trabalho.

Ao fundar minha própria empresa, compreendi que essa responsabilidade assumida comigo mesmo e perante a sociedade ia além da simples criação de um negócio. Era a peça que faltava para eu sentir meu verdadeiro valor como ser humano e profissional. A empresa se tornou um meio de aplicar meus conhecimentos e habilidades para ajudar outras pessoas, reconhecendo minhas qualidades e conquistas, o que, por sua vez, fortaleceu ainda mais minha autoestima.

Essa jornada de autoconfiança e descoberta pessoal não foi apenas sobre alcançar o sucesso profissional, mas também sobre encontrar um propósito maior em minhas ações. A responsabilidade de gerir uma empresa me ensinou a importância de liderança, resiliência e empatia. Cada desafio enfrentado e cada vitória alcançada reforçaram minha crença na minha capacidade de fazer a diferença.

Além disso, a interação com colaboradores, clientes e parceiros me mostrou o impacto positivo que podemos ter na vida dos outros quando trabalhamos com dedicação e paixão. Ver os resultados do meu trabalho refletidos no crescimento e na satisfação daqueles ao meu redor me trouxe uma sensação de realização e propósito que eu jamais havia experimentado antes.

Hoje, entendo que a verdadeira autoestima vem não apenas do reconhecimento externo, mas principalmente do conhecimento interno de que estou contribuindo de maneira significativa para a sociedade. A confiança e a segurança que encontrei nas artes marciais foram apenas o começo de uma trajetória que continua a evoluir, impulsionada pelo desejo constante de aprender, crescer e ajudar os outros.

4. ZONA DE CONFORTO: NECESSIDADE DO MENOR ESFORÇO

— Você se sente presa em sua zona de conforto? — perguntei.

— Sim, definitivamente. Tenho medo de mudar e de enfrentar o desconhecido — ela admitiu.

— A zona de conforto é onde nos sentimos seguros, mas é também onde o crescimento estagna. Para progredir, precisamos sair desse espaço, mesmo que isso cause medo e ansiedade. É um passo necessário para o crescimento pessoal.

— Eu sei disso, mas é difícil — Clara reconheceu.

TUDO O QUE VOCÊ FAZ PARA NÃO MUDAR MANTÉM VOCÊ NA ZONA DE CONFORTO, ONDE A FAMILIARIDADE E A SEGURANÇA PREVALECEM — E IMPEDEM AS MUDANÇAS NECESSÁRIAS.

@junior.campos.prado
Kaizen para grandes conquistas

Relato pessoal

Com certeza você já se encontrou no "mais ou menos", onde as coisas não estavam exatamente como você queria, mas também não eram tão ruins. Essa é, sem dúvida, uma das piores situações que podem ocorrer em nossas vidas. A maioria das pessoas de sucesso não saíram de sua zona de conforto por estarem "mais ou menos"; elas geralmente se encontraram em momentos desesperadores, no fundo do poço, e foram forçadas a virar a chave e buscar uma nova situação.

Na minha vida, muitas situações "mais ou menos" me levaram a uma zona de conforto. Como as coisas não estavam de todo ruins, muitas vezes me mantinha nesse estado por medo do novo, do diferente ou, simplesmente, por medo de mudar. Esse medo do desconhecido me impediu de buscar novas oportunidades e de explorar meu verdadeiro potencial.

Um momento decisivo na minha vida foi quando recebi um convite inesperado para ser apresentador de TV. Eu sempre era entrevistado pela TV local para falar sobre problemas da cidade, como enchentes, problemas na pavimentação das ruas e outros assuntos semelhantes. Até que um dia, me convidaram para fazer um programa de bate-papo com pessoas interessantes da nossa comunidade.

No começo, a sensação era extremamente desconfortável para mim. Estar do outro lado da câmera, conduzindo entrevistas, era uma experiência totalmente nova e desafiadora. No entanto, com o tempo, descobri que essa atividade se tornou uma das coisas que mais gosto de fazer. O programa me permitiu conhecer pessoas incríveis, aprender com suas histórias e compartilhar conhecimentos valiosos com a comunidade.

Essa experiência não só me tirou da minha zona de conforto, mas também me mostrou a importância de enfrentar o medo e abraçar o desconhecido. Hoje, ser apresentador de TV é uma das atividades que mais me traz satisfação e realização. Olhando para trás, percebo que aceitar aquele convite inesperado foi uma das melhores decisões que já tomei, pois me proporcionou crescimento pessoal e profissional, além de me ajudar a superar o medo da mudança.

Em resumo, é crucial reconhecer quando estamos presos na zona do "mais ou menos" e ter a coragem de buscar novas oportunidades, mesmo que pareçam assustadoras no início. É nesses momentos de incerteza e desafio que encontramos nosso verdadeiro potencial e abrimos portas para uma vida mais plena e significativa.

5. ZONA DO MEDO: NECESSIDADE DA BUSCA DO DIFERENTE

— Precisamos buscar novidades para nos sentirmos vivos. Como você tem se desafiado ultimamente? — perguntei.

— Tenho evitado desafios por medo de falhar — ela confessou.

— A busca por novidades e experiências diferentes nos enriquece de maneira profunda. Aventurar-se no desconhecido fortalece nossa resiliência e expande nossa capacidade de aprendizado. Superar obstáculos e adaptar-se às mudanças são fundamentais para o crescimento pessoal.

— Eu realmente preciso me abrir para novas experiências — Clara concluiu.

DESAFIAR
SEUS LIMITES
E ENFRENTAR
MEDOS DESPERTA
SEU POTENCIAL,
FAZENDO A VIDA
VALER A PENA.

@junior.campos.prado
Kaizen para grandes conquistas

Relato pessoal

Assim como na história do programa de TV, muitas vezes o medo do novo é nosso pior inimigo. Por isso, adoto três palavras que guiam minha vida: fé, coragem e ação. Aprendi que primeiro precisamos acreditar fielmente em nossos sonhos; precisamos de coragem para adotar a atitude e o comportamento de vencedores; e, finalmente, devemos agir para executar nossos planos.

Em 2017, aos 53 anos, após conquistar três títulos em campeonatos nacionais, surgiu a oportunidade de participar do Campeonato Mundial de Karatê em Leicester, na Inglaterra, em agosto de 2018. Confesso que, inicialmente, a transição dos campeonatos nacionais para uma competição internacional, com a presença de atletas japoneses, ingleses, italianos e de outros países considerados potências nesse esporte, gerou em mim um misto de ansiedade e medo do desconhecido.

Foi então que lembrei das palavras que me guiam. Minha autoestima e autoconfiança me deram a coragem necessária para visualizar minha participação no torneio de forma positiva e feliz. A ação veio através da minha vontade de fazer acontecer, das participações em campeonatos nacionais e da autodisciplina e determinação nos treinamentos. No entanto, o que realmente tornou possível minha grande performance e me permitiu ficar entre os oito melhores do mundo foi a minha fé e a crença fiel de que eu era capaz.

A fé me sustentou nos momentos de dúvida, lembrando-me que era possível alcançar meus objetivos. A coragem me impulsionou a enfrentar os desafios e a competir com os melhores do mundo, superando o medo e a ansiedade. A ação, através do esforço contínuo e da prática diligente, materializou meu sonho.

Essa experiência reforçou ainda mais minha convicção de que, com fé, coragem e ação, podemos superar qualquer obstáculo e alcançar grandes feitos. Cada competição, cada desafio enfrentado e cada vitória conquistada são testemunhos do poder dessas três palavras em minha vida. A lição que levo comigo é que a verdadeira grandeza vem não apenas do talento e da habilidade, mas também da crença inabalável em si mesmo e da disposição para agir em direção aos nossos sonhos, independentemente das adversidades.

6. ZONA DE APRENDIZADO: NECESSIDADE DO CONHECIMENTO

— E sobre o aprendizado contínuo? Você tem buscado expandir seus conhecimentos? — perguntei.

— Tenho lido alguns livros, mas não consistentemente — Clara respondeu.

Como vimos ao longo do livro, o desenvolvimento contínuo é fundamental para a autorrealização. Aprender constantemente expande nosso entendimento do mundo e de nós mesmos. Práticas como estudar, aplicar e compartilhar conhecimento são essenciais para o crescimento. Além disso, cultivar a inteligência emocional e manter o equilíbrio entre saúde mental e física são igualmente vitais.

— Preciso dedicar mais tempo a isso — Clara percebeu.

APRECIAR A VIDA AMPLIA SUA COMPREENSÃO E ENRIQUECE SUAS EXPERIÊNCIAS POR MEIO DE NOVAS VIVÊNCIAS E CONHECIMENTOS.

@junior.campos.prado
Kaizen para grandes conquistas

Relato pessoal

Desde pequeno, meu pai me ensinou a apreciar e saborear a vida, destacando que a felicidade está profundamente ligada ao aprendizado e à busca pelo conhecimento. Ele dizia que ninguém pode realmente apreciar uma obra de arte, como um quadro pintado por Claude Monet ou a Monalisa de Leonardo da Vinci, sem entender a história da arte e suas variações técnicas e culturais. Essa compreensão enriquece a experiência e permite uma apreciação mais profunda e significativa do que estamos vendo.

Da mesma forma, meu pai acreditava que ninguém pode gostar verdadeiramente de uma modalidade esportiva ou de um estilo de música sem aprender sobre as dificuldades, importâncias e nuances dessas práticas. Ele dizia que, para apreciar um estilo musical, é preciso entender suas raízes, seu desenvolvimento e o esforço envolvido em sua execução. Esse aprendizado não só aumenta o gosto por essas atividades, mas também nos conecta mais profundamente com elas.

Inspirado pelos princípios do Kaizen, meu pai sempre enfatizou que o aprendizado é o caminho para essa melhoria constante. Cada novo conhecimento adquirido, seja sobre arte, esportes, música ou qualquer outro campo, contribui para nosso crescimento pessoal e nos torna mais completos e felizes.

Esses ensinamentos moldaram minha abordagem à vida, incentivando-me a sempre buscar novas experiências e a valorizar o aprendizado como uma fonte inesgotável de satisfação e realização. Por meio desse processo contínuo de descoberta e crescimento, encontrei maneiras de apreciar profundamente o mundo ao meu redor, enriquecendo minha vida com um entendimento mais profundo e uma conexão mais significativa com tudo o que me cerca.

7. ZONA DA DOR: NECESSIDADE DE EXPANDIR

— Por que isso está acontecendo comigo? Eu já aprendi tantas coisas novas, por que agora tudo parece tão difícil? — Clara questionou, sentindo-se frustrada.

— A dor faz parte do crescimento. Quando saímos da nossa zona de conforto e nos desafiamos, inevitavelmente encontramos dificuldades. O cansaço emocional, os desafios inesperados e os momentos de dúvida podem nos fazer querer desistir. No entanto, é exatamente nessa hora que mais evoluímos. Abraçar a dor como um sinal de expansão é essencial para continuar avançando.

Lembre-se de que, **antes de expandir seus músculos durante os treinos na academia, a dor estará presente**. O crescimento muscular acontece por meio do esforço, da resistência e da superação de limites, exigindo **persistência, disciplina** e **resiliência**.

Da mesma forma, na vida, **toda evolução passa por desafios e momentos de desconforto**. A dor não é um sinal de fraqueza, mas sim de progresso. Ela indica que você está se fortalecendo e avançando para um novo patamar.

Portanto, não fuja do esforço necessário para crescer. Seja no corpo, na mente ou em qualquer outra área da vida, a dor da evolução é temporária, mas os resultados são duradouros.

— Se estou sentindo essa dor, é porque estou me transformando. Preciso enxergá-la como um sinal de progresso — Clara refletiu.

A DOR
NÃO É UM SINAL DE
FRACASSO, E SIM
DE CRESCIMENTO.
EXPANDIR-SE EXIGE
ENFRENTAR DESAFIOS
QUE TESTAM
SEUS LIMITES
E REDEFINEM SUAS
POSSIBILIDADES.

@junior.campos.prado
Kaizen para grandes conquistas

Relato pessoal

A vida nos desafia constantemente, e muitas vezes esses desafios vêm acompanhados de dor. Durante minha trajetória, houve momentos em que senti que estava no auge do meu crescimento, apenas para ser surpreendido por dificuldades que pareciam intransponíveis.

Lembro-me de um período em que, após anos me dedicando a desenvolver minha carreira e compartilhar conhecimento com meus alunos, fui confrontado com uma crise pessoal e profissional que me fez questionar tudo. Sentia que estava mudando meus hábitos, que todo o progresso que havia feito até então mudou minha forma de pensar e agir. Era como se estivesse preso entre o que já havia conquistado e o que ainda precisava alcançar, mas sem clareza sobre como avançar.

Foi nesse momento que compreendi que a dor da nova ordem, a desordem, não era um sinal de que algo estava errado, mas sim de que era hora de expandir ainda mais meus limites. Em vez de recuar, decidi enfrentar esses desafios de frente, buscando novas formas de aprendizado, reavaliando minhas estratégias e aceitando que o crescimento verdadeiro exige desconforto.

Percebi que, ao longo da vida, enfrentamos momentos em que precisamos dar um salto de fé, mesmo quando tudo parece incerto. Essas fases dolorosas são oportunidades disfarçadas de dificuldades. Quando resistimos à dor, nos limitamos; quando a aceitamos, nos tornamos mais fortes e resilientes.

A dor nos ensina que não devemos nos apegar ao que já conquistamos, mas sim continuar avançando, sempre abertos ao aprendizado e à evolução. Cada desafio superado se torna um alicerce para novas conquistas. É isso que nos mantém em movimento, garantindo que nossa jornada não tenha um fim, mas sim uma contínua expansão rumo ao nosso maior potencial.

8. ZONA DE CRESCIMENTO: NECESSIDADE DE TRANSFORMAÇÃO

— Acho que estou na dor por me sentir estagnada. Não sinto que estou crescendo — Clara admitiu.

— Investir no autoconhecimento e no desenvolvimento pessoal é essencial para uma vida plena. Desenvolver o comando emocional e a empatia enriquece nossas interações sociais. Gerenciar bem o tempo nos permite focar o que realmente importa. Cercar-se de pessoas positivas e manter um aprendizado contínuo são motores poderosos para o crescimento. A verdadeira conquista está na jornada, não no destino final.

— Preciso realmente me concentrar nisso — ela decidiu.

AQUILO QUE
NÃO CRESCE, MORRE;
PROGREDIR DÁ
SENTIDO E PROPÓSITO
À VIDA, E FAZEMOS
ISSO AO PERSEGUIR
METAS E DESENVOLVER
HABILIDADES
CONSTANTEMENTE.

@junior.campos.prado
Kaizen para grandes conquistas

Relato pessoal

Muitas coisas em nossa vida acontecem porque insistimos e nos esforçamos para realizar algo. Na maçonaria, aprendi que somos seres em constante evolução, e o crescimento pessoal é essencial para nossa evolução. Percebi que, por mais que alcancemos realizações e conquistas, não podemos parar, pois a dor da estagnação é equivalente à morte. O que não evolui, não progride, e, assim, a vida perde seu sentido.

Sempre mantive em mente a necessidade de desenvolver minhas habilidades de forma contínua. Há dois anos, após muitos anos dedicados ao ensino de empreendedorismo, decidi fazer um curso presencial sobre planejamento estratégico, um assunto que eu frequentemente ensinava aos meus alunos. Quando minha mãe soube do curso, ela me perguntou por que eu estava fazendo isso, já que dava aulas sobre o tema. Não foi apenas ela que estranhou minha atitude.

No entanto, estou convicto de que sempre temos algo a aprender, a evoluir e a progredir, dando sentido e propósito à vida. A busca por conhecimento e crescimento não deve ter fim. Fazer o curso de planejamento estratégico me permitiu revisar conceitos, aprender novas técnicas e perspectivas, e renovar meu entusiasmo pela área. Essa experiência reforçou minha crença na importância da educação contínua e da humildade para reconhecer que sempre há espaço para melhorar.

Além disso, o aprendizado contínuo me manteve motivado e engajado, abrindo novas oportunidades e perspectivas. A interação com outros profissionais durante o curso me proporcionou insights valiosos e ampliou minha rede de contatos, mostrando que o ato de aprender é também um meio de fortalecer conexões e colaborar para o crescimento mútuo de quem está ao nosso redor.

A filosofia da maçonaria, que valoriza o crescimento pessoal e a evolução constante, se reflete em minha abordagem à vida e à carreira. Continuo a buscar novas formas de aprimorar minhas habilidades e conhecimentos, não apenas para alcançar novos objetivos, mas também para manter viva a chama da curiosidade e do propósito. Esse compromisso com o aprendizado contínuo é o que dá sentido e direção à minha jornada, assegurando que cada dia seja uma oportunidade para crescer e evoluir.

9. ZONA DA CONTRIBUIÇÃO: NECESSIDADE DE GRATIDÃO

— E sobre a contribuição para a sociedade? Você sente que está fazendo a diferença? — perguntei.

— Não tanto quanto gostaria — Clara respondeu.

— Compartilhar conhecimentos, ideias e experiências não só enriquece o indivíduo, mas também fortalece toda a comunidade. Promover o progresso coletivo e praticar a generosidade criam laços mais fortes e significativos. Sentir e expressar gratidão não só promove uma existência mais harmoniosa, mas também espalha essa harmonia para os outros.

— Vou procurar maneiras de contribuir mais — Clara prometeu.

PONHA EM AÇÃO A SUA GRATIDÃO!

@junior.campos.prado
Kaizen para grandes conquistas

Relato pessoal

Muitos dizem "gratidão", mas poucos agem para demonstrá-la na prática. Quando você se sentir realizado e grato por algo, retribua, compartilhe e amplie sua contribuição. O que não agrega valor é eliminado pela evolução, enquanto esse espírito de colaboração e cooperação promove o avanço coletivo. Demonstre gratidão ajudando os outros, compartilhando seus talentos e contribuindo para um mundo melhor.

Como rotariano, tenho a oportunidade de retribuir tudo o que a vida me deu, tanto financeiramente quanto por meio dos meus serviços prestados àqueles que mais necessitam. Na minha cidade, temos um grande hospital especializado no tratamento do câncer. Infelizmente, algumas pessoas chegam a perder o nariz, as orelhas, os olhos e outras partes do corpo devido ao tratamento da doença.

Através do Rotary, soubemos da existência de uma impressora 3D que pode reconstruir esses órgãos, devolvendo qualidade de vida aos pacientes. Entramos em contato com rotarianos de outros países, especificamente da Nova Zelândia, e conseguimos sensibilizá-los sobre a necessidade desse equipamento caro, mas que poderia transformar inúmeras vidas.

Graças a esse esforço conjunto e às arrecadações feitas, conseguimos adquirir a impressora 3D, viabilizando o projeto. Este é um exemplo claro de agir com gratidão, ajudando o próximo por amor, mesmo sem conhecê-lo pessoalmente.

A ação não só materializa esse sentimento, mas também cria um impacto positivo duradouro na comunidade. Contribuir para a aquisição dessa tecnologia avançada não apenas melhorou a vida dos pacientes, mas também fortaleceu os laços entre os rotarianos e destacou o poder da colaboração internacional.

Esse projeto mostrou que a verdadeira gratidão vai além das palavras. É sobre transformar sentimentos em ações concretas que beneficiam os outros e deixam um legado de compaixão e solidariedade. A experiência reforçou minha crença de que, ao compartilhar nossos recursos e habilidades, podemos criar um mundo mais justo e humano, onde a gratidão se manifesta em cada ato de generosidade e cuidado com o próximo.

A JORNADA TRANSFORMADORA DE CLARA NA PRÁTICA

Zona da fome: necessidade da sobrevivência

Clara iniciou sua jornada focada em cuidar das suas necessidades mais básicas. Certa noite, após um longo dia de trabalho, ela sentou-se à mesa da cozinha com um bloco de notas e escreveu: "como posso cuidar melhor de mim mesma?". A pergunta ressoou em sua mente e ela percebeu que precisava ajustar sua rotina para garantir que seu corpo e mente estivessem funcionando de maneira ideal.

Sono de qualidade

O primeiro passo foi melhorar a qualidade do sono. Clara costumava trabalhar até tarde da noite, muitas vezes dormindo apenas algumas horas. Determinada a mudar, ela estabeleceu uma rotina de sono regular, indo para a cama e acordando sempre no mesmo horário. Adotou técnicas de relaxamento como meditação e leitura de livros leves antes de dormir, afastando-se de dispositivos eletrônicos que perturbavam seu descanso. Nas primeiras semanas, Clara sentiu uma diferença significativa em seu nível de energia e humor, percebendo que o sono de qualidade era fundamental para sua saúde mental e física.

Hidratação

A próxima área que Clara abordou foi a hidratação. Ela comprou uma garrafa de água reutilizável e se desafiou a beber pelo menos dois litros de água por dia. No início, era difícil lembrar-se de fazer isso regularmente, mas ela estabeleceu alarmes em seu telefone e anotou lembretes em sua mesa de trabalho. Gradualmente, beber água se tornou um hábito. Clara notou que sua pele estava mais clara e que se sentia mais alerta e menos propensa a dores de cabeça. A água, um elemento tão simples, começou a fazer uma grande diferença em seu bem-estar diário.

Dieta equilibrada

A alimentação foi outro aspecto crucial de sua transformação. Clara percebeu que suas refeições eram frequentemente rápidas e desequilibradas, compostas por fast food e lanches industrializados. Decidida a mudar, ela começou a planejar suas refeições, incorporando mais frutas, verduras, proteínas magras e grãos integrais em sua dieta. Aos poucos, ela aprendeu a cozinhar pratos saudáveis e saborosos. Sentia-se mais leve, com mais energia, e sua digestão melhorou significativamente. A preparação das refeições tornou-se um momento de prazer e autocuidado.

Atividade física e luz solar

Para garantir que seu corpo estivesse em movimento e recebendo a luz solar necessária, Clara se mudou para um apartamento mais arejado e próximo de um parque. Ela começou a caminhar diariamente ao ar livre, sentindo o sol em seu rosto e respirando ar fresco. Essas caminhadas matinais não apenas melhoraram sua condição física, mas também se tornaram um momento de reflexão e conexão consigo mesma. Clara sentia-se mais equilibrada e em paz, apreciando a beleza ao seu redor e a serenidade que o contato com a natureza proporciona.

Estabilidade financeira e segurança

Clara também se certificou de ter um plano de saúde abrangente e começou a economizar para emergências, garantindo sua estabilidade financeira. Ela elaborou um orçamento detalhado e estabeleceu metas de poupança, o que lhe deu uma sensação de segurança e controle sobre sua vida. Essa estabilidade financeira proporcionou a tranquilidade que ela precisava para focar em outros aspectos de sua jornada de autorrealização.

As emoções vividas

Com essas mudanças iniciais, Clara começou a sentir uma base sólida sob seus pés. Sentia-se mais saudável e equilibrada, pronta para enfrentar os desafios seguintes em sua jornada. Cada pequena vitória em suas necessidades de sobrevivência a motivava a continuar avançando, acreditando cada vez mais que a felicidade e a autorrealização estavam ao seu alcance.

Zona do relacionamento: necessidade de conexões

Com suas necessidades básicas mais equilibradas, Clara começou a perceber uma carência emocional que persistia. Embora estivesse mais saudável e energética, ainda sentia um vazio causado pela falta de conexões sociais significativas. Determinada a preencher essa lacuna, Clara decidiu focar em fortalecer suas relações existentes e buscar conhecer novas pessoas.

O que acontece é que, ao atender as necessidades das primeiras zonas, nos tornamos mais fortes, autoconfiantes e com mais autoestima. Essa evolução pessoal proporciona maior facilidade para nos conectar e fazer novas amizades, ampliando nossas redes de apoio e afeto.

Lembre-se: cada passo é uma preparação para o próximo. À medida que você se desenvolve em uma área, fica mais capacitado para enfrentar os desafios da seguinte, criando um ciclo contínuo de crescimento e autorrealização.

Conexão com a família

Clara começou sua jornada emocional aproximando-se de sua família. Sempre ocupada com o trabalho, ela havia deixado de lado muitas vezes os momentos preciosos com seus pais e irmãos. Certa noite, Clara ligou para sua mãe e propôs um jantar em família no fim de semana. Quando chegaram ao restaurante, ela foi recebida com abraços calorosos e sorrisos genuínos. Durante o jantar, ela compartilhou suas recentes mudanças de vida e ouviu atentamente as histórias e novidades de seus familiares. Sentiu-se acolhida e amada, e percebeu como esses momentos de conexão eram fundamentais para seu bem-estar emocional.

Reencontro com velhos amigos

Movida pela nostalgia, Clara decidiu entrar em contato com velhos amigos que havia perdido de vista ao longo dos anos. Ela começou a procurar por eles nas redes sociais e encontrou alguns colegas de escola e da universidade. Uma amiga, Laura, respondeu com entusiasmo e sugeriu um encontro. Quando se reencontraram em um café, foi como se o tempo não tivesse passado. Riram, lembraram-se dos velhos tempos e compartilharam os desafios e conquistas recentes. Clara sentiu uma alegria profunda ao se reconectar com amigos de longa data, percebendo que essas relações, mesmo antigas, ainda tinham um valor imenso em sua vida.

Início de novas amizades

Para ampliar ainda mais seu círculo social, Clara decidiu se juntar a clubes de leitura e participar de eventos de tecnologia, áreas que sempre lhe interessaram. No clube de leitura, conheceu pessoas apaixonadas por livros e discussões intelectuais. Durante as reuniões, sentia-se estimulada e inspirada pelas diferentes perspectivas e experiências compartilhadas. Fez amizades com pessoas que tinham interesses semelhantes e que trouxeram novas cores e dimensões para sua vida.

Envolvimento em voluntariado

Desejando contribuir de maneira significativa para a sociedade e encontrar um propósito maior, Clara se envolveu em um grupo de voluntariado que trabalhava com crianças carentes. A primeira vez que visitou o centro comunitário, Clara estava nervosa e insegura sobre como poderia fazer a diferença. Mas ao conhecer as crianças e ver seus sorrisos ao receberem ajuda e atenção, Clara sentiu uma onda de emoções.

Cada sessão de voluntariado tornou-se um momento de troca e aprendizado. Clara ensinava programação básica para as crianças e, em troca, recebia lições de resiliência, alegria e gratidão. Ela se aproximou de outros voluntários que compartilhavam sua paixão por ajudar e sua visão de um mundo melhor. Essas novas amizades foram profundas e sinceras, baseadas em valores compartilhados e um desejo comum de fazer a diferença.

As emoções vividas

Durante esse processo, Clara experimentou uma montanha-russa de emoções. Sentiu a felicidade e a alegria de se reconectar com a família e amigos, a empolgação e o entusiasmo de fazer novas amizades, e a profunda satisfação de contribuir para a sociedade. Também sentiu momentos de insegurança e medo ao se aventurar em novos círculos sociais, mas essas emoções foram superadas pelo apoio e carinho das novas conexões que formou. Clara percebeu que essas relações eram mais do que simples interações; elas eram pilares que sustentavam seu crescimento emocional e sua jornada rumo à autorrealização. Sentiu-se mais completa e realizada, sabendo que estava rodeada de pessoas que a amavam e apoiavam.

Zona do significado: necessidade da autoestima

Com suas necessidades básicas e sociais atendidas, Clara começou a perceber a importância de fortalecer sua autoestima. Ela sabia que a autovalorização e o reconhecimento eram essenciais para alcançar uma verdadeira autorrealização. Decidida a trabalhar nessa área, ela começou a buscar maneiras de se destacar profissionalmente e de se conectar mais profundamente consigo mesma.

Reconhecimento no trabalho

Clara sempre foi competente em seu trabalho, mas sentia que precisava sair de sua zona de conforto para alcançar um novo patamar de reconhecimento. Quando seu chefe anunciou a abertura de um projeto desafiador para o desenvolvimento de um novo software, Clara viu uma oportunidade. Apesar do medo inicial de não estar à altura, ela se candidatou e foi escolhida como líder do projeto.

Assumir essa responsabilidade não foi fácil. Clara enfrentou muitas noites sem dormir, dúvidas e momentos de pressão extrema. Contudo, ao ver seu projeto avançar e receber feedback positivo de sua equipe e superiores, Clara sentiu um orgulho profundo e uma crescente confiança em suas habilidades. A apresentação final do projeto foi um sucesso, e ela foi elogiada por sua liderança e inovação. Sentiu-se valorizada e respeitada, o que elevou significativamente sua autoestima.

Atividades de autoconhecimento

Para complementar suas conquistas profissionais, Clara decidiu investir em atividades que promovessem seu autoconhecimento e crescimento pessoal. Ela começou a praticar meditação diariamente, encontrando um espaço de calma e introspecção em sua rotina. Durante esses momentos de silêncio, Clara refletia sobre suas emoções, seus medos e suas conquistas. A meditação a ajudou a se conectar mais profundamente com seus sentimentos e a desenvolver uma aceitação amorosa de si mesma.

Clara também começou a escrever em um diário, registrando suas experiências, pensamentos e sonhos. A escrita se tornou uma ferramenta poderosa para ela, permitindo que expressasse suas emoções de forma honesta e vulnerável. Ao revisitar suas anotações, Clara percebia o quanto havia crescido e quantas barreiras havia superado. Esse processo de autorreflexão foi essencial para sua jornada de autovalorização.

Estabelecimento de um propósito claro

Outra parte fundamental de seu crescimento foi encontrar um propósito claro em sua vida. Clara sempre se interessou por educação e tecnologia. Decidiu então unir essas duas paixões e criou um blog onde compartilhava dicas e recursos para ensinar programação a jovens. Ela acreditava que a educação tecnológica era uma ferramenta poderosa para transformar vidas e queria fazer parte dessa mudança.

O blog de Clara começou a ganhar seguidores e ela recebia mensagens de agradecimento de pessoas que haviam encontrado inspiração e recursos úteis em suas postagens. Saber que estava fazendo a diferença na vida de outras pessoas trouxe um senso profundo de propósito e realização. Clara se sentia mais conectada consigo mesma e com o impacto positivo que podia ter no mundo.

As emoções vividas

Durante esse processo, Clara experimentou uma gama de emoções. Sentiu medo e insegurança ao assumir novos desafios no trabalho, mas também experimentou a euforia do sucesso e o orgulho de suas realizações. A meditação lhe trouxe uma paz interior e uma compreensão mais profunda de seus sentimentos, enquanto a escrita em seu diário ofereceu um espaço seguro para expressar suas vulnerabilidades.

Zona de conforto: necessidade do menor esforço

Com suas necessidades básicas atendidas, relações fortalecidas e autoestima elevada, Clara começou a perceber um novo desafio em sua jornada: a zona de conforto. Embora estivesse satisfeita com suas conquistas e sua rotina, sentia que ainda havia mais a explorar e descobrir. Clara sabia que, para alcançar a verdadeira autorrealização, precisava enfrentar seus medos e se aventurar fora da sua zona de conforto.

Reconhecendo a zona de conforto

Clara começou a refletir sobre sua vida. Suas rotinas diárias no trabalho, suas atividades de lazer e até suas interações sociais eram confortáveis, previsíveis e seguras. Percebeu que estava evitando riscos e desafios maiores e isso a impedia de crescer. Apesar da satisfação, Clara sentia uma inquietação, uma vontade de explorar novas possibilidades e se desafiar de formas que ainda não havia experimentado.

Primeiro Passo: viagens solo

Determinada a sair da sua zona de conforto, Clara decidiu fazer algo que sempre a deixou nervosa: viajar sozinha. Planejou uma viagem para uma cidade histórica que sempre quis visitar, mas que nunca teve coragem de explorar por conta própria. A ideia de estar em um lugar desconhecido sem companhia a deixava ansiosa, mas Clara sabia que essa experiência seria transformadora.

No dia da viagem, enquanto embarcava no avião, Clara sentiu uma mistura de excitação e medo. Enquanto esteve fora, enfrentou momentos de solidão e incerteza, mas também descobriu uma nova sensação de liberdade e independência. Explorou a cidade, conheceu pessoas novas e participou de atividades que nunca teria considerado antes. Cada dia trazia novos desafios e surpresas, e Clara começou a sentir-se mais confiante e capaz de enfrentar o desconhecido.

Enfrentando medos no trabalho

Além das viagens, Clara decidiu enfrentar seus medos no ambiente de trabalho. Ela sempre evitou falar em público, temendo cometer erros ou ser julgada. Para superar esse medo, ela se inscreveu em um curso de oratória e comunicação. As primeiras aulas foram assustadoras, e Clara frequentemente sentia seu coração acelerar ao ter que falar diante dos colegas.

No entanto, com o tempo e a prática, ela começou a melhorar. O feedback positivo dos instrutores e dos colegas a motivou a continuar. Em uma grande reunião da empresa, Clara decidiu apresentar uma nova proposta de projeto. Sentia-se nervosa, mas preparada. Durante a apresentação, viu rostos atentos e interessados e percebeu que estava se saindo bem. Ao finalizar, foi aplaudida e recebeu elogios por sua clareza e confiança. Clara sentiu um imenso orgulho de si mesma por ter enfrentado esse medo.

Exploração criativa
Outra área onde Clara decidiu se desafiar foi na exploração de sua criatividade. Sempre gostou de desenhar, mas nunca levou essa paixão a sério. Decidiu se matricular em aulas de arte para desenvolver suas habilidades. Nas primeiras aulas, sentiu-se insegura ao comparar seus trabalhos com os de outros alunos, mas com o incentivo do professor, começou a experimentar e se divertir com a pintura.

Clara descobriu uma nova forma de expressão e uma maneira de relaxar e desconectar-se das pressões do dia a dia. Suas pinturas começaram a refletir suas emoções e experiências, e ela encontrou uma nova maneira de se conectar consigo mesma. Essa exploração criativa não só a ajudou a sair de sua zona de conforto, mas também lhe proporcionou um novo meio de autoconhecimento e satisfação pessoal.

As emoções vividas
Durante esse processo, Clara viveu uma gama de emoções intensas. Sentiu medo e ansiedade ao se aventurar em territórios desconhecidos, mas também experimentou uma sensação de liberdade e empoderamento ao superar esses desafios. Cada vitória, por menor que fosse, trouxe-lhe um sentimento de conquista e confiança renovada.

A viagem solo lhe deu uma nova perspectiva sobre independência e coragem. Enfrentar o medo de falar em público fortaleceu sua confiança profissional e suas habilidades de comunicação. A exploração criativa abriu novas portas para a expressão pessoal e a satisfação emocional. Clara sentiu que ao sair de sua zona de conforto estava realmente vivendo e crescendo como pessoa.

Zona do medo: necessidade da busca do diferente

Após sair da sua zona de conforto, Clara sentiu que estava pronta para enfrentar desafios ainda maiores. Sabia que a verdadeira autorrealização requer não apenas a aceitação de novos desafios, mas também a disposição para enfrentar e superar seus maiores medos. Vencer a zona do medo seria o próximo passo em sua jornada, onde ela se aventuraria em situações que a deixavam realmente ansiosa e incerta.

Enfrentando o medo de fazer networking

Clara sempre foi introvertida e sentia uma ansiedade intensa ao participar de eventos de networking. No entanto, ela sabia que esses momentos eram importantes para sua carreira e desenvolvimento pessoal. Decidiu então começar a frequentar encontros de profissionais de tecnologia em sua cidade. No primeiro evento, sentiu seu coração bater mais rápido e suas mãos suarem. Durante os primeiros minutos, ficou tímida e hesitante, observando as conversas ao seu redor. Finalmente, reuniu coragem e abordou um pequeno grupo. A princípio, as palavras saíam trêmulas, mas ao compartilhar suas experiências e ouvir as dos outros, começou a se sentir mais confortável. Para sua surpresa, encontrou pessoas simpáticas e interessadas em suas ideias. Saiu do evento sentindo-se orgulhosa por ter enfrentado seu medo e entusiasmada com as novas conexões feitas.

Superar o medo de palestrar

Participar de eventos de networking foi apenas o começo. Clara decidiu dar um passo adiante e se inscreveu para ser palestrante em uma conferência de tecnologia. O pensamento de falar diante de uma grande audiência a deixava aterrorizada, mas sabia que isso seria um marco importante em sua jornada de crescimento. Preparou sua palestra com cuidado, praticando inúmeras vezes na frente do espelho e de amigos próximos. No dia do evento, enquanto esperava para subir ao palco, sentiu uma onda de nervosismo. Quando finalmente foi chamada, respirou fundo e começou a falar. No início, suas mãos tremiam, mas conforme avançava, começou a se sentir mais segura. O público aplaudiu no final, e Clara recebeu vários elogios pelo conteúdo e clareza de sua apresentação. Superar esse medo foi uma experiência libertadora que fortaleceu sua confiança e resiliência.

Exploração e aventura: desafios e surpresas

Além das viagens, Clara começou a buscar outras formas de aventura em sua vida diária. Inscreveu-se em um curso de paraquedismo, algo que sempre quis experimentar, mas nunca teve coragem. No dia do salto, a ansiedade era quase insuportável, mas quando finalmente se lançou do avião, sentiu uma liberdade indescritível. A adrenalina e a beleza da paisagem vista do alto trouxeram uma sensação de êxtase e realização. Cada desafio que enfrentava reforçava sua capacidade de lidar com o medo e sair mais forte do outro lado.

As emoções vividas

Durante essa fase de sua jornada, Clara experimentou uma montanha-russa emocional. Sentiu medo e ansiedade intensos, mas também uma grande sensação de realização ao superar cada desafio. A euforia e a autoconfiança que vinham depois de enfrentar seus medos eram inigualáveis. Clara aprendeu a abraçar a incerteza e a ver cada obstáculo como uma oportunidade de crescimento. Sentiu-se viva de uma maneira que nunca havia experimentado antes. Cada nova experiência reforçava sua resiliência e sua capacidade de enfrentar desafios. Através dessas experiências, Clara desenvolveu uma compreensão mais profunda de si mesma e de sua força interior. Percebeu que a vida fora da zona de conforto, embora desafiadora, era incrivelmente gratificante e enriquecedora.

Zona de aprendizado: necessidade de conhecimento

Depois de enfrentar e superar vários medos, Clara percebeu que a verdadeira autorrealização também exigia um compromisso contínuo com o aprendizado e o crescimento. Inspirada por suas aventuras e desafios anteriores, ela decidiu mergulhar na zona de aprendizado, focando o desenvolvimento de novas habilidades e conhecimentos que a ajudariam a evoluir tanto pessoal quanto profissionalmente.

Cursos de inteligência emocional e liderança

Clara sabia que para se tornar uma líder mais eficaz e uma pessoa mais equilibrada, precisava aprimorar suas habilidades em inteligência emocional e liderança. Assim, inscreveu-se em diversos cursos on-line oferecidos por universidades renomadas. Durante as aulas, aprendeu sobre a importância da autoconsciência, da autorregulação e da empatia no ambiente de trabalho e em suas relações pessoais. Em um dos cursos, ela participou de exercícios práticos que exigiam reflexão sobre suas emoções e comportamentos em diferentes situações. Ao completar as atividades, ela se sentiu mais consciente de suas reações e mais capaz de gerenciar suas emoções de maneira saudável. Em um dos exercícios, teve que refletir sobre um conflito recente no trabalho e identificar como poderia ter abordado a situação de forma mais construtiva. Esse processo de reflexão profunda a ajudou a perceber padrões em seu comportamento e a desenvolver estratégias para melhorar suas interações no futuro.

Prática e equilíbrio na vida esportiva
Além dos cursos, Clara também decidiu investir em sua saúde física e mental por meio da prática de esportes. Ela sempre quis aprender a jogar tênis e decidiu se matricular em aulas semanais. No começo, achou difícil coordenar seus movimentos e acertar a bola, mas com prática e persistência, começou a melhorar. Cada sessão na quadra de tênis se tornou uma metáfora para sua jornada de aprendizado: erros e acertos, frustração e progresso, paciência e determinação. Paralelamente, Clara começou a praticar ioga, uma atividade que não só fortalecia seu corpo, mas também sua mente. As sessões de ioga a ajudaram a encontrar um equilíbrio entre o esforço físico e a meditação, proporcionando-lhe um espaço para relaxar e refletir. A combinação de tênis e ioga trouxe um equilíbrio harmonioso à sua rotina, permitindo-lhe apreciar a vida de maneira mais plena e consciente.

Expansão do conhecimento
Sempre curiosa e ávida por conhecimento, Clara dedicou parte de seu tempo livre à leitura de livros sobre diversos temas, como psicologia positiva, filosofia e inovação tecnológica. Um dos livros que mais a impactou foi sobre a teoria da resiliência, que abordava como pessoas bem-sucedidas enfrentavam e superavam adversidades. As histórias e os conceitos apresentados no livro a inspiraram a aplicar essas lições em sua própria vida, reforçando sua determinação e sua capacidade de enfrentar desafios. Clara também participou de workshops e seminários, onde pôde interagir com especialistas e outros aprendizes. Esses eventos proporcionaram um ambiente de aprendizado cola-

borativo, onde ela pôde trocar ideias e experiências com pessoas de diferentes áreas e backgrounds. Cada conversa e cada nova ideia a estimulavam a pensar de maneira diferente e a expandir seus horizontes.

As emoções vividas

Durante esse período de intenso aprendizado, Clara experimentou uma gama rica de emoções. Sentiu a excitação de descobrir novas ideias e habilidades, bem como a satisfação de ver seu progresso ao longo do tempo. Houve momentos de frustração e dúvida, especialmente quando enfrentava desafios difíceis ou quando não conseguia entender um conceito de imediato. No entanto, cada obstáculo superado trouxe uma sensação de realização e autoconfiança. A prática de esportes trouxe-lhe alegria e revitalização, enquanto a ioga e a meditação proporcionaram paz interior e clareza mental. Clara descobriu que o aprendizado não era apenas sobre adquirir novos conhecimentos, mas também sobre cultivar uma mente aberta e resiliente. Cada novo aprendizado a fez sentir-se mais completa e preparada para enfrentar os desafios da vida com uma perspectiva renovada.

Zona da dor: necessidade de expandir

Por que, mesmo depois de tanto conhecimento, ainda me sinto perdida em alguns momentos?, Clara se questionou.

Depois de tantos aprendizados, Clara acreditava que estava no caminho certo. Sentia-se mais confiante, organizada e realizada do que nunca. No entanto, um novo sentimento começou a surgir: uma inquietação interna, uma sensação de que, apesar de toda a sua evolução, ainda existiam barreiras invisíveis impedindo-a de alcançar seu verdadeiro potencial. Era como se, antes de crescer, tivesse despertado para desafios ainda maiores e mais profundos. Clara estava agora na zona da dor, um estágio essencial na jornada de quem busca expansão e transformação contínua.

A dor faz parte do crescimento. Ela começa a surgir quando saímos da nossa zona do aprendizado, quando enfrentamos desafios que parecem maiores do que nossa capacidade naquele momento. No entanto, é justamente essa dor provocada pela busca por novos hábitos, novos pensamentos e novas ações, levando a nos reinventar e a evoluir.

Não posso deixar que a dor me paralise. Se cheguei até aqui, é porque estou pronta para ir além!, ela decidiu.

Enfrentando o desconforto do próximo passo

Mesmo tendo conquistado grandes avanços, Clara começou a sentir uma pressão interna, um chamado para ir além. Era como se surgisse um novo universo desconhecido e estivesse exigindo mais dela, ela não sabia exatamente o que ou como fazer. Esse desconforto veio acompanhado de insegurança, medo de errar e de não estar à altura dos desafios que estavam surgindo nessa nova fase.

Mas e se eu não for boa o suficiente para esse próximo nível?, Clara pensava.

Foi então que percebeu que estava sendo testada. A dor que sentia não era um sinal de que estava no caminho errado, mas sim um indicativo de que estava crescendo e precisava se adaptar.

Lidando com a dor da expansão

Para crescer adquirimos novas responsabilidades. Clara percebeu que, para continuar avançando, precisava lidar com emoções mais profundas: medo do fracasso, cobrança interna e a sensação de que precisava provar constantemente seu valor.

Ela começou a notar padrões em seus pensamentos:

- **Autoexigência extrema:** sentia que precisava ser perfeita em tudo o que fazia.

- **Dor de não corresponder às expectativas:** agora que havia se destacado, temia decepcionar os outros e a si mesma.
- **Sensação de insuficiência:** mesmo com suas conquistas no conhecimento, às vezes se sentia como se nunca fosse o bastante.

Para superar essa fase, Clara começou a praticar a autorreflexão e a reprogramar sua mentalidade: ela aceitou que o desconforto era um sinal de crescimento, e não de fracasso; percebeu que poderia buscar apoio sem sentir que estava falhando; e começou a enxergar os desafios como oportunidades de expansão, e não como obstáculos intransponíveis.

Abraçando a dor como parte da jornada
Em vez de fugir do desconforto, Clara decidiu enfrentá-lo de frente. Começou a observar seus sentimentos sem julgá-los, entendendo que a dor fazia parte do processo de transformação.

Ela adotou três estratégias para lidar com essa nova fase:

1. **Aceitação e presença**: Clara aprendeu a aceitar o que sentia, sem resistir ou se culpar. Praticava meditação e escrita reflexiva para compreender suas emoções sem se deixar consumir por elas.
2. **Reavaliação de metas e propósitos**: percebeu que, ao crescer, seus objetivos poderiam mudar. Permitiu-se redefinir seus planos, ajustando-se às novas versões de si mesma.
3. **Aprendizado contínuo**: compreendeu que o crescimento nunca termina. A dor da expansão era um convite para continuar evoluindo e buscando novos aprendizados.

As emoções vividas

Durante essa fase, Clara experimentou uma verdadeira montanha-russa emocional. Sentiu-se vulnerável, mas ao mesmo tempo determinada. Houve momentos de incerteza e dúvidas, mas também de clareza e autoconfiança.

Ela aprendeu que a dor era parte essencial do crescimento e que não deveria ser evitada, mas sim acolhida como um sinal de evolução. Cada obstáculo superado a tornava mais forte, mais sábia e mais preparada para ajudar outras pessoas a trilharem o mesmo caminho.

Foi então que Clara compreendeu que a dor não era um fim, mas um meio para algo maior. Era a ponte que a conduzia à zona do crescimento, onde poderia aplicar tudo o que havia aprendido e aproveitar as novas oportunidades que surgiam diante dela.

Com gratidão, aceitou essa transformação e se preparou para dar o próximo passo.

Agora eu entendo. Crescer dói, mas permanecer no mesmo lugar dói ainda mais. Com essa nova consciência, Clara sentiu-se pronta para avançar, encarando sua jornada com mais coragem, maturidade e propósito do que nunca.

Zona de crescimento: necessidade de transformação

Após se dedicar ao aprendizado contínuo e passar pela zona da dor, Clara sentiu uma mudança profunda em sua vida. O crescimento pessoal tornou-se uma parte essencial de sua jornada, impulsionando-a a desenvolver novas habilidades, cercar-se de pessoas inspiradoras e ver cada desafio como uma oportunidade para se transformar.

Desenvolvendo habilidades de gestão de tempo

Um dos primeiros passos que Clara tomou foi aprimorar sua gestão de tempo. Percebeu que para alcançar seus objetivos e manter um equilíbrio saudável entre vida pessoal e profissional, precisava administrar melhor suas horas. Clara começou a usar uma agenda detalhada e aplicativos de produtividade para planejar suas atividades diárias, semanais e mensais.

No início, ajustar-se a essa nova rotina foi desafiador. Clara teve que aprender a dizer "não" a algumas atividades e a priorizar o que era mais importante. Essa nova abordagem trouxe uma sensação de controle e eficiência que ela nunca havia experimentado antes. Com o tempo, ela notou uma melhoria significativa em sua produtividade e uma redução no estresse. A sensação de ter seu tempo bem gerenciado trouxe-lhe uma paz interior e um senso de realização.

Cercando-se de pessoas positivas

Clara entendeu que as pessoas ao seu redor influenciavam profundamente sua energia e motivação. Decidiu então se cercar de indivíduos positivos e inspiradores que a incentivavam a crescer. Participou de grupos de apoio, comunidades de aprendizado e eventos de networking, onde conheceu mentores e colegas com visões e metas semelhantes.

Essas novas conexões trouxeram um fluxo constante de apoio e inspiração. Clara frequentemente participava de encontros onde discutia desafios e conquistas, compartilhava ideias e recebia feedback construtivo. A energia positiva e o entusiasmo dessas pessoas a motivavam a continuar se esforçando e a acreditar em seu potencial. A sensação de fazer parte de uma comunidade de crescimento foi transformadora, trazendo-lhe um sentimento de pertencimento e apoio incondicional.

Transformando desafios em oportunidades

Com a mentalidade certa, Clara começou a ver cada desafio como uma oportunidade de crescimento. No trabalho, quando surgiam problemas complexos ou situações estressantes, ela passou a abordá-los com uma perspectiva positiva. Em vez de se sentir sobrecarregada, via esses momentos como chances de aprender algo novo e de aprimorar suas habilidades.

Um exemplo marcante foi um projeto no trabalho em que enfrentou sérias dificuldades devido a mudanças inesperadas no seu escopo. Clara assumiu a liderança e, em vez de se desesperar, convocou a equipe para uma série de reuniões de *brainstorming*. Juntos, desenvolveram soluções criativas que não só resolveram os problemas, mas também melhoraram significativamente o resultado do projeto. Clara sentiu um orgulho imenso ao ver o sucesso do trabalho, sabendo que sua capacidade de transformar desafios em oportunidades fez toda a diferença.

Cultivando a inteligência emocional e a empatia

Clara também investiu no desenvolvimento de sua inteligência emocional e empatia, entendendo que essas habilidades eram cruciais para seu crescimento pessoal. Continuou a praticar a meditação e a refletir sobre suas emoções, aprimorando sua capacidade de se conectar com os outros de maneira mais profunda e significativa.

Em uma ocasião, Clara ajudou um colega de trabalho que estava passando por dificuldades pessoais. Ela ofereceu seu apoio, ouvindo ativamente e proporcionando um espaço seguro para ele desabafar. Essa experiência não só fortaleceu sua amizade, mas também a fez perceber o poder da empatia e do apoio mútuo. Clara sentiu uma alegria genuína em poder ajudar e viu como essas ações positivas também alimentavam seu próprio crescimento pessoal.

As emoções vividas

Durante essa fase de crescimento pessoal, Clara experimentou uma ampla gama de emoções. Sentiu a satisfação de ver seus esforços de gestão de tempo darem frutos, a alegria de estar rodeada por pessoas positivas e a empolgação de transformar desafios em oportunidades. Sentiu-se transformada, inspirada e motivada, com uma energia renovada e uma visão clara de seus objetivos. Cada pequena vitória e cada novo aprendizado trouxeram-lhe um senso de progresso contínuo e uma confiança crescente em suas habilidades. A sensação de controle sobre sua vida e o apoio de uma comunidade solidária aumentaram seu senso de realização e propósito. Clara sentia-se mais forte, mais resiliente e mais preparada para enfrentar qualquer desafio que surgisse em seu caminho. Agora transformada em uma nova pessoa, esse profundo e significativo crescimento pessoal fortaleceu sua determinação de continuar sua jornada rumo à autorrealização.

Zona da contribuição: necessidade de gratidão

Com seu crescimento pessoal consolidado e um senso profundo de realização, Clara começou a sentir a necessidade de retribuir à comunidade. Entendeu que sua jornada de felicidade e autorrealização não estaria completa sem compartilhar suas conquistas e conhecimentos com os outros. Clara decidiu se envolver em atividades que pudessem causar um impacto positivo no mundo ao seu redor.

Aulas de programação para jovens carentes

Clara sempre acreditou no poder transformador da educação, por isso, durante essa jornada transformadora, não deixou de lado o seu trabalho comunitário ensinando jovens carentes a programar, que começara quando fortalecera sua zona do relacionamento. No primeiro dia de aula, sentiu um misto de nervosismo e entusiasmo. As crianças a receberam com olhares curiosos e ansiosos por aprender. Durante as aulas, ela ensinava conceitos básicos de programação de forma divertida e interativa, utilizando jogos e projetos práticos. Ao ver os olhos das crianças brilhando ao compreenderem um novo conceito ou ao conseguirem fazer um programa funcionar, Clara sentia uma alegria indescritível. Cada sorriso, cada pergunta curiosa e cada conquista dos alunos alimentavam sua própria paixão e dedicação. Um dia, uma aluna chamada Ana a abordou após a aula:

— Clara, eu sempre pensei que programação era algo difícil demais para mim, mas você fez parecer tão divertido e acessível. Quero ser programadora quando crescer!

As palavras de Ana tocaram profundamente Clara, fazendo-a perceber o impacto positivo que estava causando na vida dessas crianças. Esse reconhecimento trouxe-lhe uma sensação de propósito e gratidão, reafirmando seu compromisso com a educação.

Projetos de sustentabilidade na empresa

Além das aulas de programação, Clara também queria fazer a diferença em seu ambiente de trabalho. Percebeu que sua empresa tinha o potencial de ser mais sustentável e consciente em suas práticas e decidiu, então, propor um projeto de sustentabilidade ao seu chefe e colegas, visando reduzir o impacto ambiental da empresa. Clara liderou a formação de um comitê de sustentabilidade, reunindo colegas que compartilhavam da mesma preocupação com o meio ambiente. Juntos, começaram a implementar práticas como reciclagem, redução do uso de papel, economia de energia e incentivo ao uso de transporte sustentável. Cada pequena vitória, como a implementação de uma nova política de reciclagem ou a redução no consumo de energia, trazia-lhe um imenso orgulho e satisfação. Um dos momentos mais emocionantes foi quando conseguiram implementar um programa de voluntariado corporativo, onde os funcionários podiam dedicar um dia por mês a projetos comunitários e ambientais. Clara sentiu uma onda de felicidade ao ver tantos colegas se engajando e contribuindo para causas importantes. Esse senso de comunidade e propósito compartilhado fortaleceu ainda mais seu sentimento de pertencimento e realização.

As emoções vividas

Durante essa fase de contribuição, Clara experimentou emoções profundas e gratificantes. Sentiu um orgulho imenso ao ver o impacto positivo de suas ações na vida dos jovens e na cultura de sua empresa. A gratidão e o reconhecimento dos outros lhe trouxeram uma alegria genuína e um senso de propósito renovado. Cada aula dada e cada projeto sustentável implementado eram mais do que simples ações; eram expressões de seu compromisso com um mundo melhor. Clara também experimentou momentos de desafio e frustração, como a resistência inicial de alguns colegas ao projeto de sustentabilidade. No entanto, ao ver as mudanças positivas gradualmente acontecendo, sentiu-se encorajada e determinada a continuar. A sensação de estar contribuindo para algo maior do que ela mesma promoveu paz interior e uma felicidade duradoura.

Assim como Clara transformou sua jornada ao cuidar de todas as suas zonas de autorrealização um passo por vez, você, com o Kaizen e munido com os aprendizados apresentados nessas páginas, também pode fazer o mesmo! Uma vida maravilhosa e transformadora espera por você — e o caminho para ela é feito passo a passo, melhorando continuamente a cada dia que passa.

Zonas da autorrealização

Com base no esquema visual das **zonas da autorrealização**, podemos compreender que a verdadeira jornada rumo ao sucesso, à felicidade e à paz interior não acontece de forma isolada em apenas uma dessas zonas — mas sim na sequência e no acúmulo consciente de todas elas.

Cada zona representa uma necessidade essencial do ser humano, e à medida que vamos evoluindo de dentro para fora, esse caminho se torna mais profundo, mais completo e mais conectado com o nosso propósito.

- **Fome** nos lembra da sobrevivência — é o ponto de partida, a base da nossa existência.

- **Conexão** nos leva à necessidade de pertencimento e vínculo com os outros.
- **Significado** alimenta a autoestima e nos faz sentir valorizados.
- **Conforto** é onde encontramos estabilidade, mas também onde corremos o risco de estagnar.
- **Medo** surge quando somos chamados a sair dessa zona e enfrentar o desconhecido.
- **Aprendizado** é a chave para atravessar o medo e abrir novas possibilidades.
- **Dor** marca os momentos de ruptura e transformação — é onde crescemos verdadeiramente.
- **Crescimento** é o resultado da superação e da consistência nos pequenos passos diários.
- **Contribuição** é o ápice: quando usamos tudo o que aprendemos e conquistamos para impactar positivamente o mundo ao nosso redor.

Essa progressão é interdependente e contínua. O Kaizen está presente em cada etapa, nos lembrando que não se trata de velocidade, mas de consistência. A neurociência apoia esse processo ao mostrar que cada avanço, por menor que seja, cria conexões neurais novas que fortalecem nosso senso de propósito e bem-estar.

Portanto, a autorrealização não é um salto — é uma travessia. E quanto mais zonas você percorre e integra, mais completa será sua jornada rumo a uma vida com sentido, produtividade, felicidade e paz interior.

Considerações finais

Kaizen

rumo ao infinito, onde vive a perfeição!

Chegamos ao fim deste livro, mas eu vejo isso como o começo de algo maior para você. Essa jornada de crescimento e transformação que o Kaizen propõe é algo que levo para a minha própria vida, todos os dias. Cada decisão que tomamos, por menor que pareça, molda o caminho à nossa frente. E acredite, todos nós temos a oportunidade de deixar o passado para trás e começar de novo, sempre com as lições que aprendemos no coração. Eu tento fazer isso diariamente, construindo uma vida cheia de pequenos acertos e, principalmente, aprendizados.

Para mim, tudo começa com o autoconhecimento. Antes de tentar entender os outros, eu preciso entender a mim mesmo. Essa conexão comigo mesmo é o que me ajuda a me relacionar melhor com as pessoas ao meu redor. Eu acredito que a liderança verdadeira começa com a autoliderança, com a capacidade de organizar a própria vida antes de tentar organizar qualquer projeto ou empreendimento. E isso inclui cuidar das minhas finanças, porque sei que uma vida financeira saudável me dá a liberdade de focar o que realmente importa. Planejar minha vida com clareza, definindo meus valores e missão, me ajuda a manter o rumo, dando sentido às minhas escolhas diárias.

Eu também acredito que nunca é tarde para ajustar a nossa rota. Tento me manter sempre consciente das minhas forças e fraquezas, o que me prepara melhor para enfrentar desafios e aproveitar as oportunidades que surgem, e não tenho medo de parar e analisar as ações e escolhas que me trouxeram até aqui: uma autoavaliação constante é algo que me ajuda a ajustar minha abordagem e me manter no caminho certo.

Quando penso em inspiração, busco nas pessoas que admiro. Tento adaptar as estratégias delas ao meu contexto, criando um plano de vida que reflita meus princípios e seguindo-o com disciplina. Ser fiel a mim mesmo e agir com integridade é algo que levo muito a sério.

A PERFEIÇÃO
TALVEZ NUNCA
CHEGUE,
MAS O CAMINHO
DA MELHORIA
CONTÍNUA FAZ CADA
DIA VALER MAIS
A PENA!

@junior.campos.prado
Kaizen para grandes conquistas

Os relacionamentos são um pilar fundamental na minha vida. Sempre me pergunto se estou cuidando bem das minhas conexões com a família, amigos e colegas. E, claro, administrar meu tempo é essencial. Tento priorizar o que é mais importante, focar uma coisa de cada vez e evitar distrações que possam me afastar dos meus objetivos.

Em termos de finanças, adoto uma abordagem consciente. Trato meus investimentos como algo essencial, porque sei que estou construindo um futuro financeiro sólido. E, acima de tudo, procuro manter a espiritualidade presente, entendendo que encontrar propósito e significado traz uma paz interior duradoura. Após alcançar um objetivo, busco logo outro, para evitar a estagnação e continuar crescendo.

Se tem algo que aprendi é que vencer não é só sobre alcançar metas, mas sobre aproveitar a jornada que transforma e enriquece a vida. Faço tudo para ser verdadeiro comigo mesmo, alinhando meus pensamentos, palavras e ações, e sempre mantenho o foco no que realmente importa.

Quero que saiba que, assim como você, eu estou nessa jornada diária de crescimento. Ninguém é perfeito, mas acredito que a beleza da vida está em reconhecer nossas falhas e trabalhar continuamente para superá-las. Estamos juntos nessa caminhada, buscando ser a melhor versão de nós mesmos. Cada passo é uma vitória, e cada aprendizado, uma conquista. Ficarei muito feliz se você quiser manter contato comigo por meio das minhas redes sociais. Que possamos continuar a crescer e a nos transformar, dia após dia, rumo ao infinito.

Um grande abraço!

Instagram: @junior.campos.prado
E-mail: junior@camposprado.com.br
YouTube: Junior Campos Prado: Empreendedorismo e autogestão
Site: juniorcamposprado.com.br

Fontes Inria Sans e Dante MT
Papel Alta Alvura 90 g/m2
Impressão Imprensa da Fé